Copyright © 2017 by Katy Horan and Taisia Kitaiskaia
Todos os direitos reservados.

Tradução para a língua portuguesa
© Aline Zouvi, 2021

Ilustrações de Capa e Miolo
© Katy Horan, 2017

Textos Bruxas Brasileiras
© Marcia Heloisa & Nilsen Silva, 2021

Ilustrações Bruxas Brasileiras
© Gabee Brandão, 2021

Diretor Editorial
Christiano Menezes

Diretor Comercial
Chico de Assis

Gerente Comercial
Giselle Leitão

Gerente de Marketing Digital
Mike Ribera

Gerentes Editoriais
Bruno Dorigatti
Marcia Heloisa

Editora
Nilsen Silva

Capa e Adaptação de Miolo
Retina78

Coordenador de Arte
Arthur Moraes

Designers Assistentes
Aline Martins / Sem Serifa
Sergio Chaves

Finalização
Sandro Tagliamento

Revisão
Retina Conteúdo

Impressão e acabamento
Ipsis Gráfica

DADOS INTERNACIONAIS DE CATALOGAÇÃO NA PUBLICAÇÃO (CIP)
Angélica Ilacqua CRB-8/7057

Kitaiskaia, Taisia
  Bruxas literárias : alquimia das palavras / Taisia Kitaiskaia ; ilustrações de Katy Horan ; tradução de Aline Zouvi.
  — Rio de Janeiro : DarkSide Books, 2021.
  144 p. : il.

  ISBN: 978-65-5598-089-9
  Título original: Literary Witches

  1. Escritoras 2. Escritoras - Biografia 3. Mulheres - Poder
  I. Título II. Horan, Katy III. Zouvi, Aline

  21-0895   CDD 809.89287

Índices para catálogo sistemático:
1. Escritoras

[2021]
Todos os direitos desta edição reservados à
DarkSide® *Entretenimento LTDA.*
Rua General Roca, 935/504 — Tijuca
20521-071 — Rio de Janeiro — RJ — Brasil
www.darksidebooks.com

Bruxas Literárias
ALQUIMIA DAS PALAVRAS
DARKSIDE

TAISIA KITAISKAIA

ILUSTRADO POR
KATY HORAN

TRADUÇÃO
ALINE ZOUVI

SUMÁRIO

- 6. Prefácio
- 7. Introdução
  por Pam Grossman

- 11. Emily Brontë
- 15. Octavia Butler
- 19. Shirley Jackson
- 23. Eileen Chang
- 27. Sylvia Plath
- 31. Toni Morrison
- 35. Anna Akhmátova
- 39. Joy Harjo
- 43. Flannery O'Connor
- 47. Safo
- 51. Forugh Farrokhzad
- 55. Emily Dickinson
- 59. Audre Lorde
- 63. Angela Carter
- 67. Virginia Woolf
- 71. Sandra Cisneros
- 75. Charlotte Perkins Gilman
- 79. Jamaica Kincaid
- 83. Anne Carson
- 87. Leslie Marmon Silko
- 91. Alejandra Pizarnik
- 95. Mirabai
- 99. Anaïs Nin
- 103. Gertrude Stein
- 107. Yumiko Kurahashi
- 111. Agatha Christie
- 115. Janet Frame
- 119. María Sabina
- 123. Mary Shelley
- 127. Zora Neale Hurston

MATERIAL EXTRA
BRUXAS LITERÁRIAS BRASILEIRAS

- 133. Carolina Maria de Jesus
- 137. Clarice Lispector
- 141. Lygia Fagundes Telles

PREFÁCIO

POR QUE ousaríamos chamar alguém de bruxa literária?

Porque todos os artistas são mágicos, e bruxas conjuram uma magia especial. Bruxas e mulheres escritoras mergulham igualmente na criatividade, no mistério e em outros mundos. Elas não têm medo de ficarem sozinhas nas florestas de suas imaginações nem de viverem em cabanas feitas por elas mesmas. Elas não têm medo do escuro.

Assim sendo, o título de "Bruxa Literária" é a honraria mais alta que podemos conceder a uma autora. As trinta escritoras incluídas neste livro[1] nos inspiram profundamente, instigando-nos a sermos corajosas em nossas criações. Elaboramos os perfis em ilustração e texto para homenagearmos suas presenças e acessarmos seus espíritos nas artes com a qual melhor nos expressamos.

Escolhidas por tema, espaço e antiguidade (bruxas de longa data devem ser apresentadas antes de bruxas recém-iniciadas), as autoras a seguir constituem apenas uma prateleira de nossa biblioteca de referências. Esperamos que você as celebre conosco, leia os livros destas autoras e crie seu próprio cânone de Bruxas Literárias.

Bruxamente,
Taisia e Katy

---

1   Para a edição brasileira, conjuramos três bruxas literárias nacionais: Carolina Maria de Jesus, Clarice Lispector e Lygia Fagundes Telles, com arte de Gabee Brandão. [As notas são dos editores.]

INTRODUÇÃO
por Pam Grossman

A PALAVRA "BRUXA" é muito usada nos dias de hoje como insulto, rótulo, medalha de honra. Quando pensamos em bruxas, uma multiplicidade de imagens nos ocorre. Uma mulher assustadora com um chapéu pontudo. Uma sibila oscilando com visões proféticas. Uma noiva do diabo. Uma devota do divino feminino. Uma aldeã de Salém. Uma herbalista. Uma sedutora. Uma moradora da floresta em uma cabana feita de detritos, pernas de galinha ou doces. Uma adolescente dos anos 1990 com pentagramas e roupas xadrezes. Mas o que significa a palavra *bruxa*? E, talvez, o mais importante: o que queremos dizer quando a usamos?

A origem é obscura. Um pouco de pesquisa dirá que pode ser uma derivação de palavras do germânico antigo que significam "sábio" ou "dobrar" ou "salgueiro". Eu gosto de todas as opções, ainda mais quando pensamos nelas em conjunto. Logo penso em uma pessoa qualificada na arte da metamorfose. Uma pessoa vinculada a uma corrente antiga. Alguém flexível não por resignação, mas por autopreservação. Ela é um ser inteligente, resiliente, que muda com os tempos e muda os tempos consigo.

Uma coisa é certa: a bruxa é quase sempre mulher. E me dei conta de que ela é o único arquétipo feminino que tem poder por si mesma. Ela não é definida por mais ninguém. Esposa, irmã, mãe, virgem, prostituta — esses arquétipos encontram sentido com base em relações com outros. A bruxa, contudo, é uma mulher que está inteiramente por conta própria. Ela é, não raro, uma forasteira, e seu dom é a transformação. Ela é uma agente da mudança, cujo trabalho é estimulado pela fala: um encantamento, uma conjuração, uma benção, uma maldição.

Quem merece mais essa alcunha do que as mulheres escritoras, que também conjuram mundos a partir de palavras? Elas com certeza têm muito em comum com as bruxas: mulheres que criam coisas, e não filhos, ainda são consideradas perigosas por muitos. Elas são marginalizadas, banalizadas ou ignoradas. Com frequência, são excluídas do cânone artístico — mas, ainda assim, estão armadas.

Vamos lembrar que diversos mundos ocultistas se interligam com os da linguagem: *spelling* (soletrar) e *spells* (sortilégios). Gramática e grimório. O termo *abracadabra* é considerado derivado da frase aramaica que se traduz como "Eu crio como a palavra". Escrever, então, é fazer mágica. E, portanto, ser uma mulher escritora é, de fato, ser um tipo de bruxa.

Este livro em suas mãos também contém multidões. Ele é uma correção de rumo, uma poção de inspiração, um dossiê místico. Ler *Bruxas Literárias* é como escalar uma árvore genealógica feminista, com raízes retorcidas, ramos carregados de frutas e folhas de letras que oferecem sustento e abrigo.

Através deste volume luminoso, traçamos um legado de linguagem, conectado por gênero, quem sabe até mesmo por genética. Ele posiciona essas escritoras como integrantes de um *coven*: um no qual Mirabai, Mary Shelley, Octavia Butler e María Sabina têm, cada uma, um momento no centro do círculo. E nós, durante a leitura, temos entrada permitida também. A nossa oferenda é a atenção que damos a cada vida brilhante que encontramos aqui.

Taisia Kitaiskaia nos fornece o texto encantado. Os seus três "fatos" sobre cada bruxa escritora são como invocações surrealistas. Ela tece fragmentos de biografias com suas próprias visões. Imagens estranhas e adoráveis surgem em seu espelho mágico. Ela mistura o "real" com o "verdadeiro" em uma poção e eleva cada mulher ao patamar das lendas.

Ela escreve que Virginia Woolf "salta com destreza de uma poça de consciência para outra", nos levando a pensar na sra. Dalloway e em uma Alta Sacerdotisa em transe.

Ficamos sabendo sobre Audre Lorde que "na floresta secreta da noite, onde as mulheres vão para comer os próprios corações, Audre é uma deusa surgindo de um lago de lava". Eu, por exemplo, posso atestar que os escritos de Lorde me fazem resplandecer com fogo interior e que, em muitas ocasiões sombrias, prestei adoração em seu altar.

Sobre Anne Carson, Kitaiskaia escreve: "Safo, Sócrates e Sófocles são alguns dos fantasmas que assombram as noites de Anne". Se isto deve ser lido como uma alusão à veia classicista de Carson ou como evidência de necromancia, é incerto. Afinal, quem garante que Carson não se reúne com fantasmas ao anoitecer? Eu não duvido.

É aí que reside o imenso prazer deste livro. Como leitores, ficamos divididos entre o desejo de decifrar esses fragmentos e a ânsia em ceder aos seus mistérios deliciosos.

As ilustrações estranhas e delicadas de Katy Horan capturam esse espírito com perfeição. Pintora especialista em cenas folclóricas de magia feminina, ela encontrou aqui o tema ideal. Cada um de seus retratos é uma reminiscência da iconografia religiosa, embelezada por elementos milagrosos e símbolos secretos por toda parte. Já bem familiarizada com bruxas, ela é, talvez, mais bem conhecida por suas pinturas de senhoras idosas e nuas que se envolvem em rituais em bosques e fabricam talismãs com cordas e rendas.

Tecelãs, oleiras, cozinheiras e curandeiras — todas têm conotações bruxescas, por terem tradicionalmente sido mulheres com o dom de transformar algo cru em algo sofisticado. Faz muito sentido que Horan tenha incluído escritoras em sua narrativa visual contínua. Ao pintá-las, ela as eleva do ctônico ao celestial. Cada ilustração é uma constelação independente que reluz com beleza e encanto.

Combinadas, as palavras de Kitaiskaia e as imagens de Horan formam uma grande obra. *Bruxas Literárias* é um feitiço compartilhado para uma arte feminina que levanta os mortos, honra os ancestrais e nos leva a um lugar onde as mulheres têm completa soberania criativa.

É, sem dúvida, um compêndio intrigante. Leia-o e se deixe guiar a outros tomos e poemas. Você pode até mesmo enfeitiçar-se o bastante para escrever algo novo de sua autoria.

Como ler este livro? Não há uma imposição de ordem definida. Sugiro que comece como se estivesse consultando um oráculo: escolha uma seção de forma aleatória, em um ato de bibliomancia. Ela levará você ao encontro de uma pessoa sábia, maravilhosa e loucamente livre.

Vá em frente. Abra em qualquer página. Siga o seu destino. Acolha a sua bruxa.

EMILY BRONTË

Romancista reclusa

Thornton, Inglaterra

1818–1848

GUARDIÃ DOS PÂNTANOS,
da fantasia e dos romances cruéis

QUANDO escova o carpete, Emily imagina que está alisando os pântanos para os pés perfeitos de Heathcliff. Ele vai entrar, sonha Emily, como os ventos contra os quais ela caminha — rajadas musculares, mãos cerradas rosnando sob casacos.

O QUE as formigas sussurram a Emily enquanto sobem pelas árvores arruinadas lá fora? Ela encosta o ouvido na casca e escuta. Ela irá se juntar ao palácio delas... Será a rainha formiga... Ela colocará um reino de formigas contra o outro... Ela assistirá ao desenrolar de seus amores e suas guerras.

EMILY FAZ um telescópio de gelo e barbante. Através deste túnel, ela encara o próprio olho até ver uma galáxia, e através da galáxia, ver o olho de um estranho.

Emily Brontë viveu uma vida tranquila na casa da família, nos pântanos. Ela criou mundos fantásticos com as irmãs brilhantes (Charlotte e Anne), escovou o carpete e caminhou pelas montanhas. Alcançou fama póstuma com O Morro dos Ventos Uivantes, um romance violento entre dois personagens turbulentos e isolados — Catherine e Heathcliff — após morrer de tuberculose, aos trinta anos.

LEITURA RECOMENDADA
Romance de amor brutal: O Morro dos Ventos Uivantes
Poesia do coven Brontë: Poemas de Currer, Ellis e Acton Bell
O melhor texto sobre Emily: "The Glass Essay",[1]
por (sua colega bruxa) Anne Carson

---

1   "O Ensaio de Vidro", poema que consta no volume *Glass, Irony and God*.

OCTAVIA BUTLER
Escritora de ficção científica

Pasadena, EUA
1947–2006

SEMEADORA DAS SEMENTES ESTRANHAS,
das espécies e do futuro

OCTAVIA FAZ uma pausa na escrita para regar as plantas. As cabeças que habitam cada vaso, de várias raças e espécies humanoides, balançam em caules grossos e acenam com as folhas quando ela entra na estufa. Ela as alimenta com o cântaro.

NA MERCEARIA, Octavia olha ao redor, para as pessoas colocando repolhos e maçãs nos carrinhos, e vê aquilo que, um dia, transcenderá o cenário inocente: comunidades superpovoadas, se modificando com necessidade violenta de comida, poder e sexo.

CAMINHANDO DE VOLTA da loja, Octavia disfarçadamente joga as sementes que sempre guarda nos bolsos nos jardins dos vizinhos. Sementes que não vão nos salvar, mas que clamam: *Podemos fazer melhor.*

Octavia E. Butler, filha de uma empregada doméstica e um engraxate, foi pioneira no gênero da ficção científica, predominantemente branco e masculino. Ela recebeu um prêmio MacArthur "Genius" por suas obscuras e filosóficas histórias e romances, que apresentam protagonistas negras e exploram dinâmicas de poder entre sexos, raças e espécies.

LEITURA RECOMENDADA
Narrativa de escravizados viajantes no tempo: Kindred: Laços de Sangue
Romance estrelado por mulher africana mutante e imortal: Wild Seed[1]
Histórias violentas e instigantes: Filhos de Sangue e Outras Histórias

---

1   *Semente Selvagem.*

SHIRLEY JACKSON

Escritora de horror

San Francisco, EUA
1916–1965

BRUXA DAS VILAS,
dos horrores domésticos e dos presságios

PARA ESCAPAR de suas crianças demoníacas, Shirley certa vez teve um longo e antagônico combate com o secador de cabelo no banheiro. Ela saiu vencedora.

QUANDO ainda era viva, Shirley transformou as pedras que os vizinhos atiravam nela em gatos raivosos, besouros envenenados, agulhas com sangue nas pontas. Ela enterrou esses tesouros no quintal. Anos depois, os tesouros rastejam através do solo. A vizinhança é atormentada por pestes e alfinetes até hoje.

O FANTASMA de Shirley assombra a seção de sorvetes do mercado 24h às três da manhã, vestindo meias de algodão e fazendo anotações sobre o comportamento humano em um pequeno bloco de notas. Ela não precisa de ajuda para encontrar nada.

A ficção de Shirley Jackson, que combina o corriqueiro com o sobrenatural, costuma versar sobre as desumanidades às quais as pessoas estão sujeitas quando lhes é dada alguma chance. Sua história mais famosa sobre o assunto, "A Loteria", foi escrita depois que residentes rurais de Vermont pintaram uma suástica em sua casa (o marido da autora, professor na Bennington College, era judeu). Não obstante, observações afiadas e senso de humor permeiam muitos de seus trabalhos, especialmente os hilários ensaios sobre a criação de quatro filhos.

LEITURA RECOMENDADA
Conto inesquecível: "A Loteria"
Romance deliciosamente perverso: Sempre Vivemos no Castelo
O mais assustador: A Assombração da Casa da Colina
Ensaios cômicos sobre a vida em família: Minha Vida Entre os Selvagens; Raising Demons[1]

---

1   *Criando Demônios.*

EILEEN CHANG

Gigante da literatura chinesa moderna

Xangai, China
1920–1995

ENCANTADORA DO AMOR AMARGO,
da traição e das joias

EILEEN FAZ um feitiço para escapar da claustrofobia da família e dos costumes. Ela invoca um raio de lua em seu quarto trancado; um alçapão se materializa na luz. Ela desce por ele...

...MAS tudo que encontra é uma câmara subterrânea. Eileen ouve seu amante chamando por ela no escuro, mas não consegue alcançá-lo. Vozes ecoam, os amantes nunca se encontram...

...ENTÃO, Eileen escala o raio de lua que ainda se derrama pelo alçapão. De volta ao seu quarto, sem nenhum lugar para ir, ela veste um lindo vestido com botões de pérola e desliza pelo pulso um bracelete de jade. Olha para o espelho, assistindo à sua mente se tornar suntuosa como seda. Ela anuncia: "Sou a soberana desta prisão". A lua permanece ao seu lado até o amanhecer.

Eileen Chang é filha de um pai tradicional, viciado em ópio, e de uma mãe ocidentalizada que aprendeu a esquiar com os pés amarrados. Quando Chang contraiu disenteria, aos dezessete anos, seu pai e a concubina dele ignoraram suas queixas e a trancaram no próprio quarto por seis meses; ela escapou com a ajuda da enfermeira. Espirituosa e cheia de estilo, Chang foi famosa na Xangai ocupada pelos japoneses por sua ficção sobre romances conturbados e traições familiares. Apesar de ter morrido isolada em Los Angeles, seu trabalho continua popular e amado na China, e foi adaptado para o cinema por Ang Lee.

LEITURA RECOMENDADA
História de amor de partir o coração: Half a Lifelong Romance[1]
Trabalhos famosos adaptados para o cinema: Sedução, Conspiração; Love in a Fallen City; Red Rose, White Rose[2]
Romances escritos em inglês: Naked Earth; The Rice-Sprout Song[3]

---

1   Romance de Metade de uma Vida.
2   Amor em uma Cidade Destruída; Rosa Vermelha, Rosa Branca.
3   Terra Nua; A Canção do Broto de Arroz.

SYLVIA PLATH

Ícone da poesia confessional

Boston, EUA

1932–1963

FÚRIA DA MATERNIDADE,
do casamento e da lua

TRÊS HOLOGRAMAS DE SYLVIA
SOBREVIVEM À SYLVIA ORIGINAL:

O PRIMEIRO DESMEMBRA manequins masculinos com garras meticulosas e ferozes. Abelhas transbordam dos braços e pernas vazios. As abelhas se enxameiam para encenar a vingança de Sylvia.

A SEGUNDA SYLVIA governa um pequeno e frio planeta sem outros habitantes. Ela sorve um líquido misterioso de uma tigela ornamentada, observa as mães na Terra fazendo o café da manhã para seus filhos e ri.

A TERCEIRA SYLVIA é um disco preto e brilhante que se arrasta do teixo ao olmo, da cama ao forno. Tudo que passa pelo disco, ao ouvir seu estalo preto, é brutalmente convocado à emoção de viver.

Nascida em Boston, Sylvia Plath foi um sucesso social e acadêmico apesar de intensas depressões e tentativas de suicídio. Durante sua bolsa Fulbright na Universidade de Cambridge, ela conheceu e se casou com o poeta Ted Hughes. Enquanto Hughes saía com outras mulheres e criava abelhas, Plath ficou em casa com dois filhos pequenos e escreveu poemas cada vez mais geniais e assustadores, que refletiam sua raiva do marido e do pai, seus estados mentais intensos e sua obsessão pela morte. Aos trinta anos, Plath deu fim à própria vida colocando a cabeça no forno.

LEITURA RECOMENDADA
Obra-prima: Ariel
Clássicos: "Lady Lazarus", "Papai", "Corte"
Mais clássicos: "O Candidato", "Limite", "Tulipas"

TONI MORRISON

Romancista vencedora do prêmio Nobel

Lorain, EUA

1931–2019

RAINHA DOS MILAGRES,
das gerações e da memória

ABRINDO CAMINHO pela pele de cada pessoa, a rainha Toni vê a criança que cada uma delas foi, os pais, tataravós, toda a trajetória até o primeiro humano. Ela pode ver a ferida original desse ancestral, carregada pelas gerações como um espinho no baço.

COM A MENTE, Toni conduz em balsas os fantasmas mal resolvidos através de rios hostis, esculpe barcos azuis suaves para a viagem deles. Constrói abrigos para embalar o descanso deles antes da grande migração.

TONI ESTÁ muito à vontade em seu trono. Os suplicantes fazem fila para fazer oferendas de rubis, pato assado, flores silvestres. Um deles se aproxima de mãos vazias: em vez de oferendas, conta uma piada a Toni. Todo mundo prende a respiração. Por fim, Toni solta uma grande e estrondosa gargalhada e a alegria flui pelo palácio.

Nenhum escritor norte-americano é mais coberto de honra que a régia Toni Morrison, que nasceu em uma família de classe trabalhadora em Lorain, Ohio – cenário frequente dos seus romances épicos sobre a experiência negra. Sua obra mais conhecida, *Amada*, tornou-se leitura obrigatória, mas afaste essa aura injusta de dever de casa. Procure-a pela história assombrada que é, um livro profundamente assustador e comovente sobre o fantasma de um bebê vingativo.

LEITURA RECOMENDADA
O mais mágico: Amada
Romances para as eras: A Canção de Solomon, Sula
Livro banido: O Olho Mais Azul

ANNA AKHMÁTOVA

Grande poeta da sobrevivência

Odessa, atual Ucrânia
1889–1966

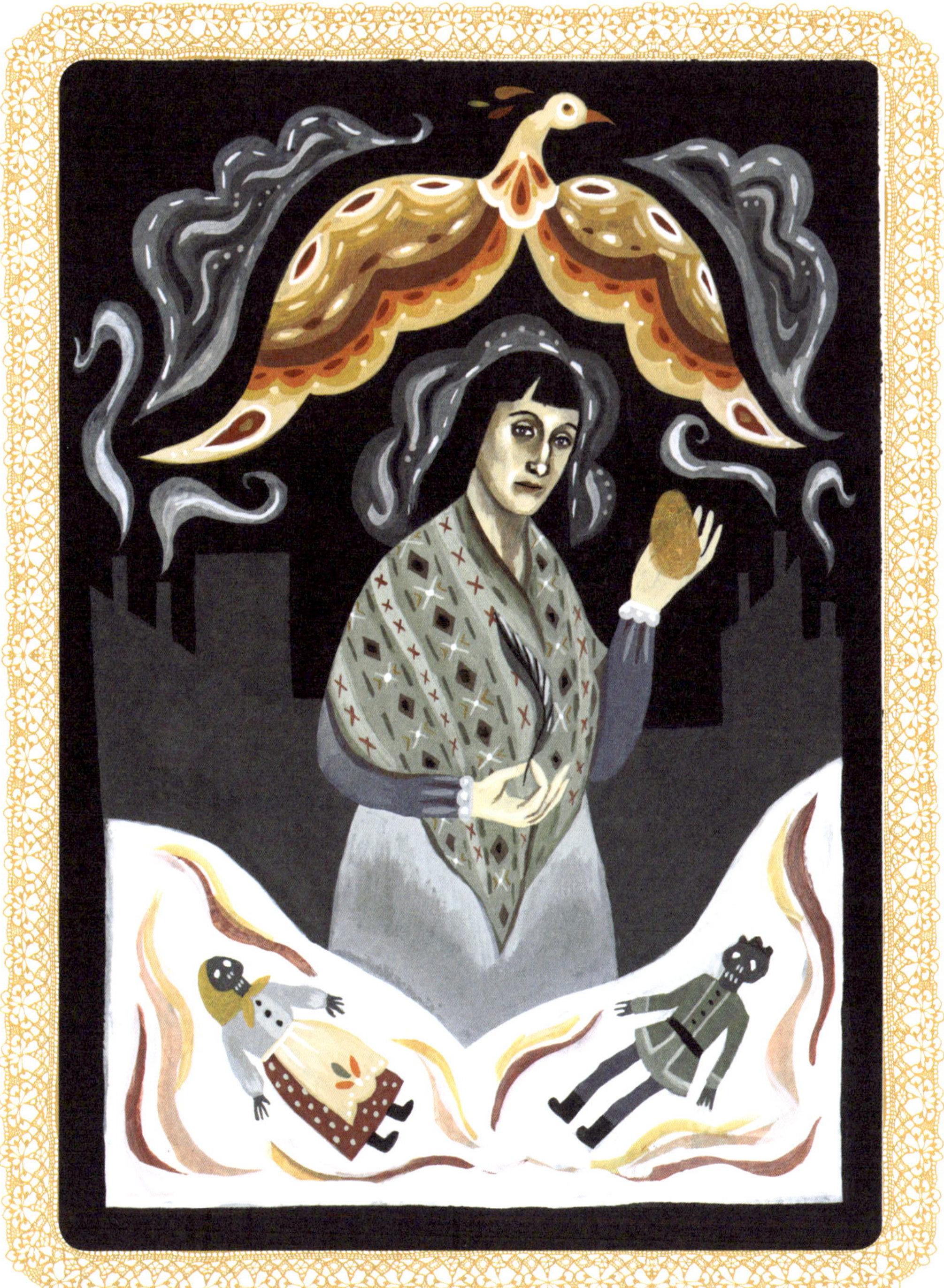

KOLDUNYA DO INVERNO,
da resistência e dos salgueiros

DEPOIS QUE STÁLIN ameaça sua família, Anna acende o caldeirão: nele, vão as páginas rasgadas de manuscritos proibidos. Os papéis encharcados tornam-se curativos para os feridos. O caldo amargo — engolido em seco, para que as palavras nunca sejam esquecidas.

AS MORTES do povo de Anna são tecidas em seu xale. Em momentos de fome, ela suga esses fios de prata para se manter viva.

ANNA ESPERA na fila por rações de batatas, repolho e leite. Quando chega a vez dela, a oficial do governo desliza para Anna um objeto estranho. "Você deve contar a nossa história", diz ela. Anna olha para baixo e vê um ovo dourado. Ela pode ouvir o coração selvagem de sua nação batendo dentro dele.

Anna Akhmátova foi celebrada durante e além de sua vida por sua poesia melancólica e lírica. Quando a Rússia caiu sob o domínio de Stálin, Akhmátova e seu círculo de artistas e intelectuais foram perseguidos por suas obras: o filho dela foi preso e enviado a campos de trabalho, e seu marido, executado. O poema mais famoso de Akhmátova, "Réquiem", é sua tentativa mais corajosa de registrar o terror stalinista.

LEITURA RECOMENDADA
Selecionados com carinho: Poems of Akhmatova, trad. Stanley Kunitz[1]
Obra-prima épica: "Réquiem"
Belezas líricas: "Salgueiro", "A Mulher de Lot", "O Último Brinde"

---

1 Edição em inglês. No Brasil, foi publicada a *Antologia Poética* (2018).

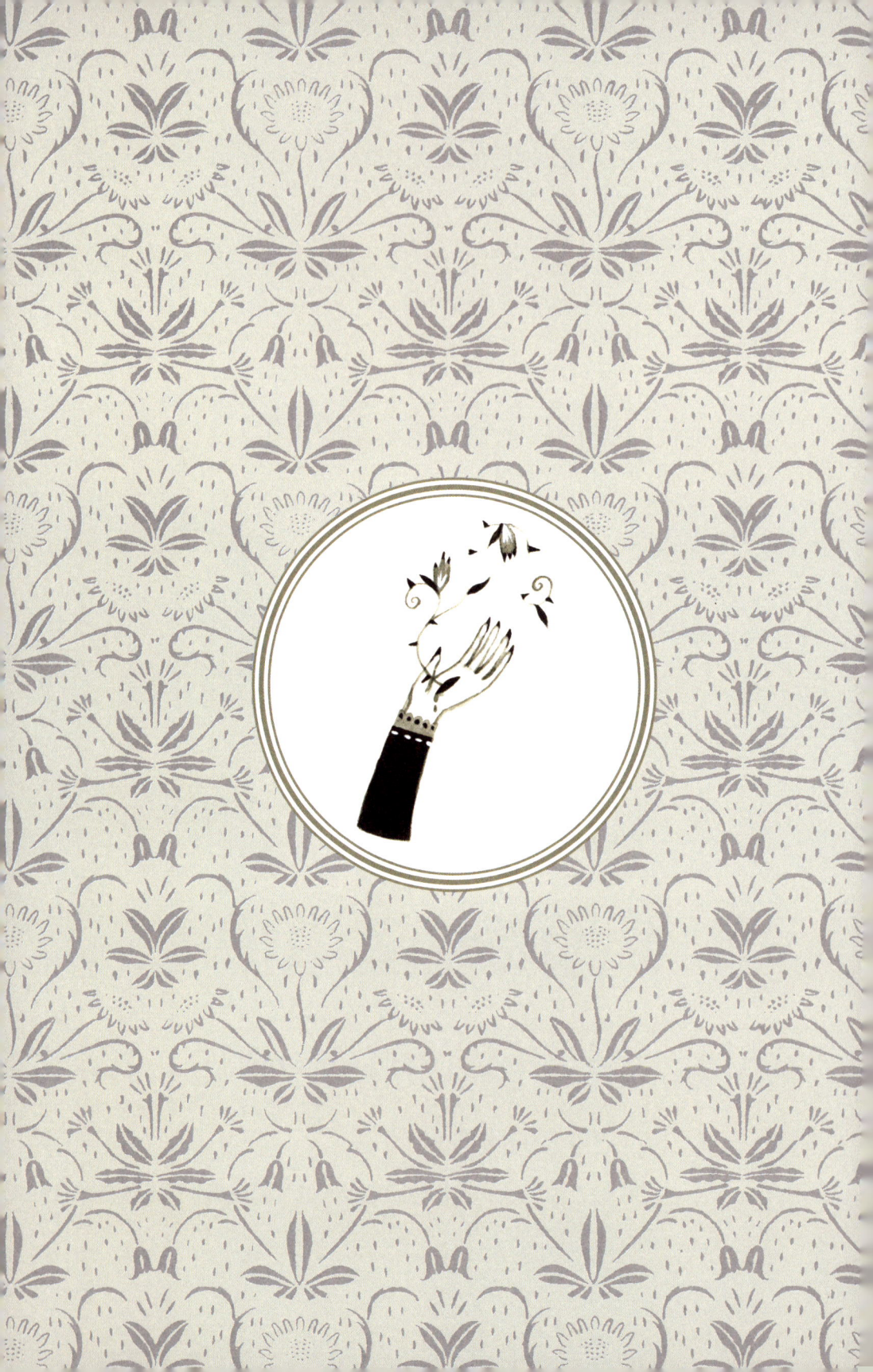

JOY HARJO

Poeta e música muscògui

Tulsa, EUA
N. 1951

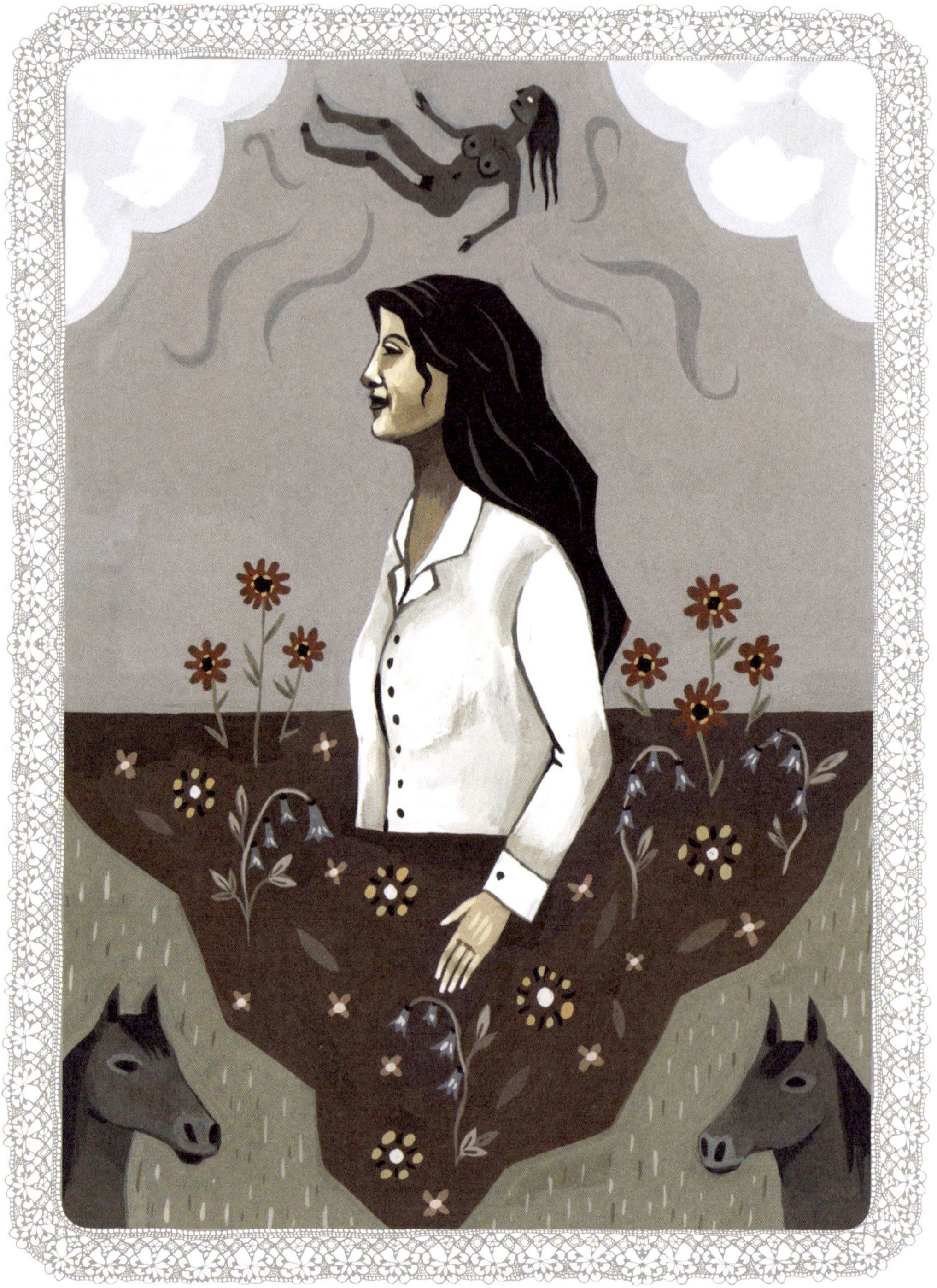

VIAJANTE CÓSMICA
dos corvos, dos cavalos e da sobrevivência

TODOS OS ELEMENTOS estão sob o comando de Joy: fogo e água lutam em sua barriga, a terra escuta as instruções de seus pés, o vento chicoteia uma tempestade dentro de sua boca.

JOY DEITA em um campo e fecha os olhos. Cascos rugem em sua direção. Logo, os cavalos estão sobre ela, bufando, acariciando seus cabelos, mastigando suas oferendas de maçã. Como sempre, quando ela abre os olhos, não há nada.

UMA MÚSICA ESTRANHA ecoa dentro e fora de Joy. Ela segue o som. Não para quando a música a leva até o sol. A música é um feitiço que protege Joy do calor do sol e da calidez da grande estrela dentro de seu peito.

Harjo, um nome comum da nação muscógui (*creek*) [povo nativo dos EUA], significa "tão valente que é louca". Joy Harjo sobreviveu corajosamente a uma infância opressiva, a uma gravidez na adolescência e à violência doméstica antes de se tornar uma poeta espiritualmente motivada por imagens naturais e selvagens e ativismo social urgente, assim como uma premiada saxofonista e cantora.

LEITURA RECOMENDADA
O Mais Encantador: "She Had Some Horses"[1]
Poesia Essencial: How We Became Human[2]
Memórias Dolorosas e Inspiradoras: Crazy Brave[3]

---

1   "Ela Tinha Alguns Cavalos".
2   *Como nos Tornamos Humanos.*
3   *Corajosa.*

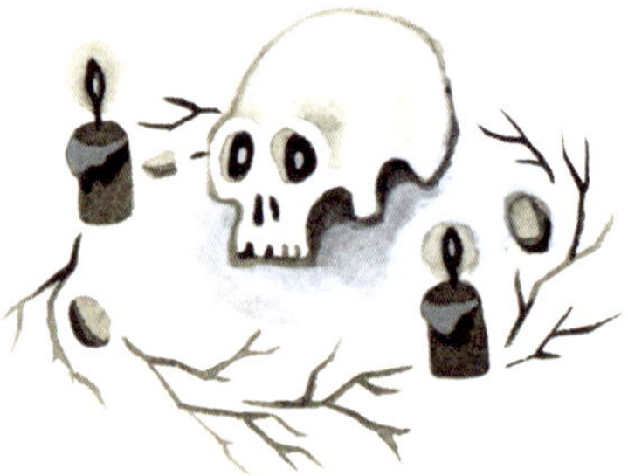

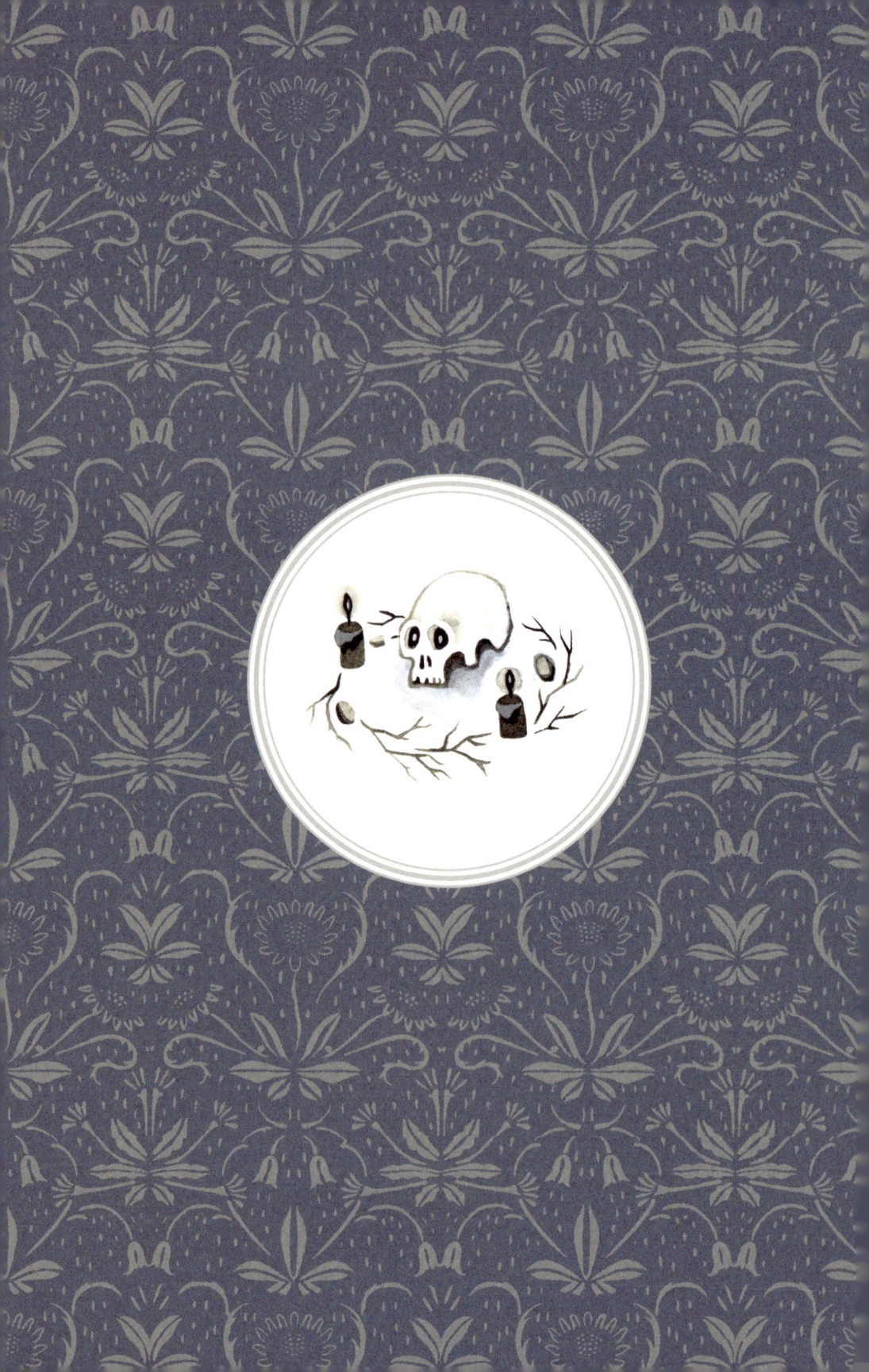

FLANNERY O'CONNOR

Autora de ficção gótica sulista

Savannah, EUA
1925–1964

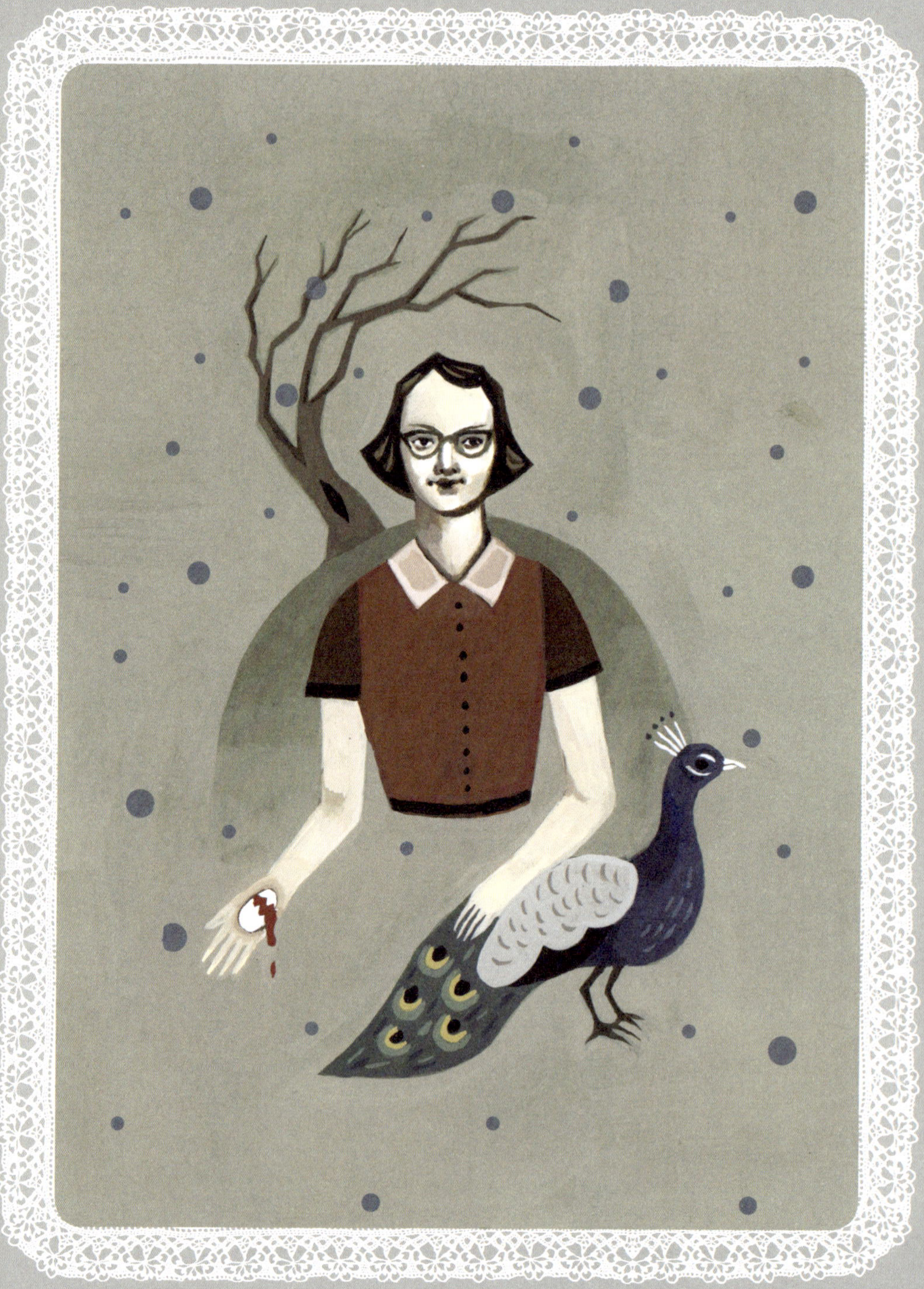

VIDENTE DOS PAVÕES,
dos camponeses estranhos
e dos olhos de vidro

FLANNERY REZA para enxergar a humanidade claramente. Ela repousa a cabeça na mesa. O sangue escorre de seu ouvido e se espalha em uma poça. Pequenas figuras — uma mulher com uma perna de pau, uma avó vestindo um chapéu horrível e um jovem carrancudo e sinistro — cambaleiam pela poça em patins de gelo minúsculos e sujos.

EM SEU LEITO de morte, Flannery aprende a linguagem das galinhas. Ela grasna uma música irresistível para seus pavões e dezenas vêm voando pela janela. Com as caudas, os pavões fazem serenatas para ela, divertindo-a com banalidades. Quando Flannery perde todo o cabelo, eles arrancam suas próprias penas para coroá-la com um cocar.

A MENTE de Flannery continua a rugir pelas colinas. Quando seu carro quebra no meio da Geórgia, um ônibus empoeirado sem motorista ou passageiros aparece no meio do calor. Você ouve uma voz de mulher no autofalante: "Próxima parada, um serial killer confronta uma família com cara de repolho". As portas se abrem com um rangido. Você não sabe se corre ou se participa do espetáculo.

Flannery O'Connor escreveu histórias mordazes, hilárias e (secretamente, devotamente) católicas sobre o extremo Sul dos Estados Unidos. Crescida na Geórgia, O'Connor amava galinhas e tricotava casaquinhos para seu galo. Depois de se formar na Oficina de Escritores de Iowa e acertar o passo na ficção, contraiu lúpus e voltou a morar com a mãe. Ela povoou a fazenda com mais de quarenta pavões.

LEITURA RECOMENDADA
Os sucessos sombrios: "Um Homem Bom é Difícil de Encontrar", "Gente Boa da Roça", "Tudo que Sobe Deve Convergir" (Contos Completos)[1]
O romance mais amado: Sangue Sábio
Ensaio fantástico sobre criar pavões: "O Rei dos Pássaros"

---

1 Cosac Naify, 2008. Outra edição brasileira recente é
Um Homem Bom é Difícil de Encontrar e Outras Histórias (2018).

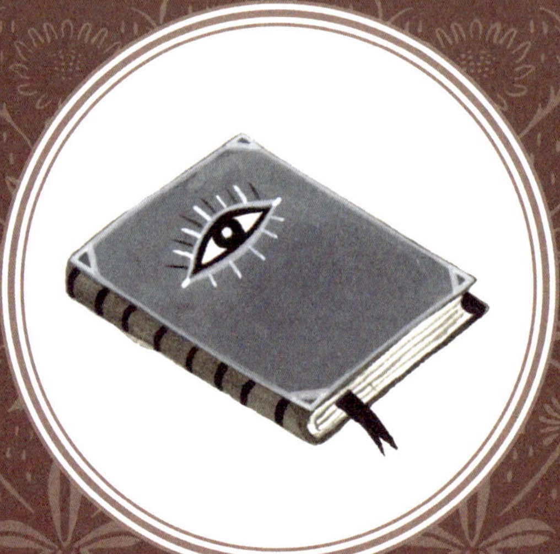

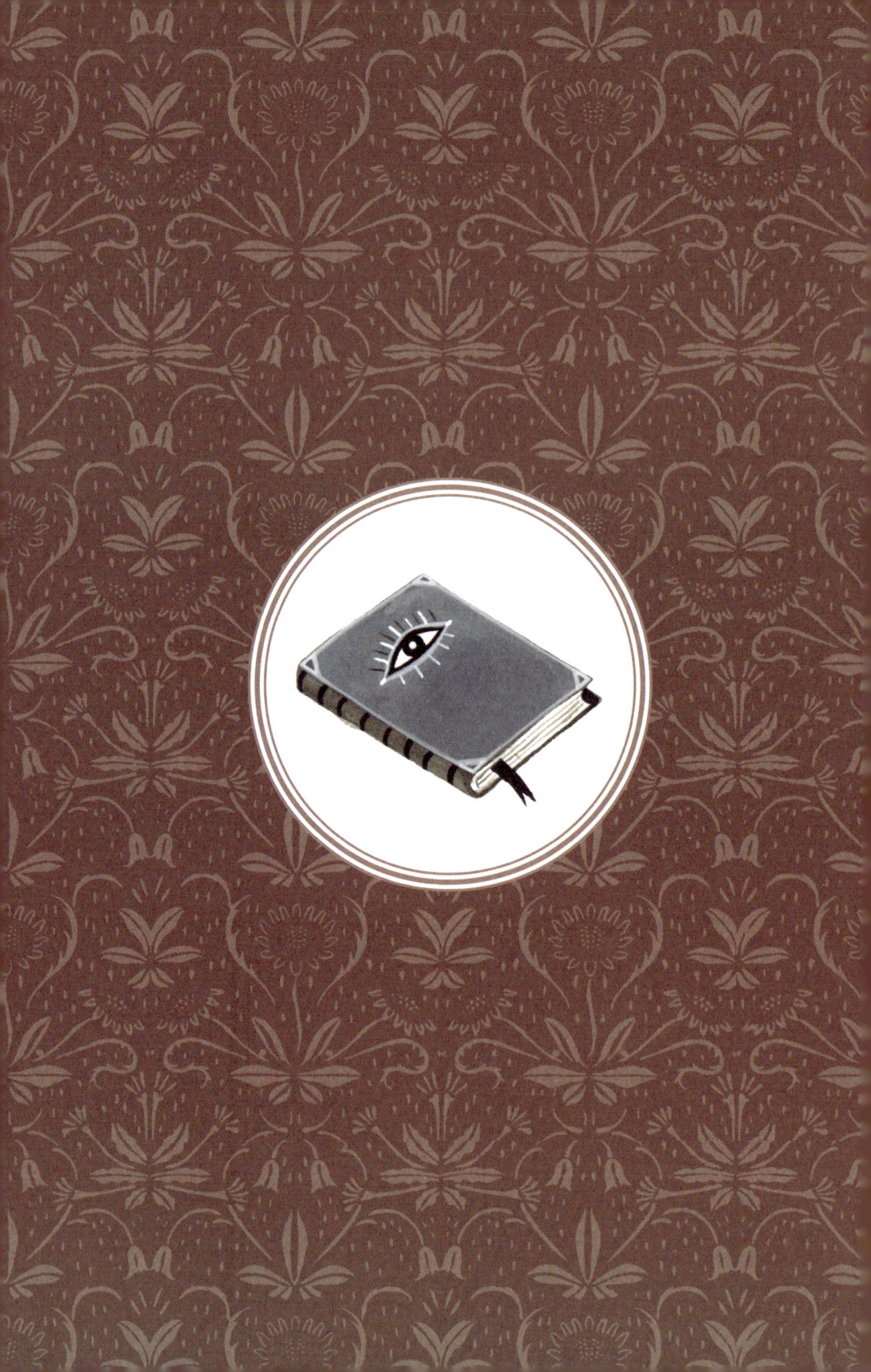

SAFO

Poeta lírica da Grécia Antiga

Lesbos, Grécia
630–570 A.C.

você...
Queimando

SEREIA DA LIRA,
do mel e das ruínas

SAFO É o inseto verde que arde em toda briga de ciúme, zunindo entre você e seu amante, agitando os íons, mordendo sua pele e fazendo você ferver, arrepiando o pelo das costas do gato.

SAFO É a linda mulher com quem você troca olhares na festa. Ela tem uma grinalda e uma voz doce, e não importa quantas vezes você tente chegar mais perto, ela escapa. Por fim, ela se aproxima, apenas para colocar um pedaço de papiro em suas mãos e sair pela porta. Tudo que você consegue entender é *você queimando* em uma caligrafia perfeita. O resto das palavras é ilegível.

SAFO É um par de asas — perolando entre o azul dos pombos, um esmeralda temperamental e o branco dourado — que fumega em uma caverna escondida. As asas desaparecem de tempos em tempos, ressurgindo nos armários das meninas. Com que seriedade cada menina coloca essas asas em frente ao espelho, preparando-se para as dores e prazeres do amor.

Antes de Platão e Homero, havia Safo, estrela literária da Grécia Antiga e a primeira poeta mulher homoerótica. Platão a chamava de "Décima Musa", e sua reputação sobrevive até hoje. Contudo, sua poesia cantada e acompanhada pela lira — de amor agridoce entre mulheres — foi perdida para o tempo, o fogo e a desaprovação religiosa. Restam apenas alguns fragmentos.

LEITURA RECOMENDADA
Melhor tradução: If Not, Winter, trad. Anne Carson (colega bruxa)[1]
O único poema completo: "Hino a Afrodite"
O fragmento mais impressionante: "Igual aos Deuses me parece aquele..."

---

1 Edição em inglês. No Brasil, foi publicado *Fragmentos Completos* (2017).

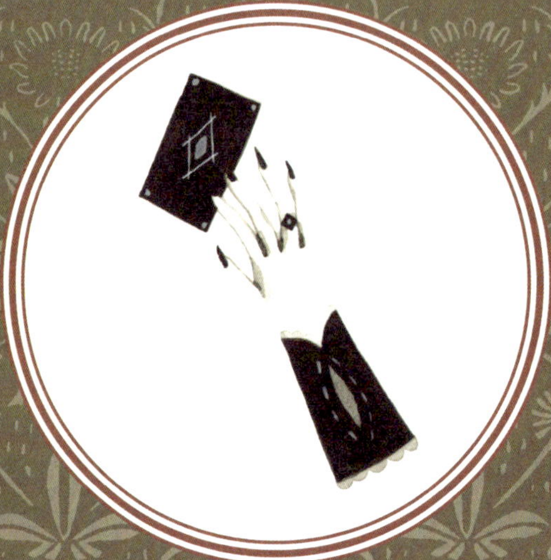

FORUGH FARROKHZAD

Poeta e cineasta iconoclasta

Teerã, Irã

1935–1967

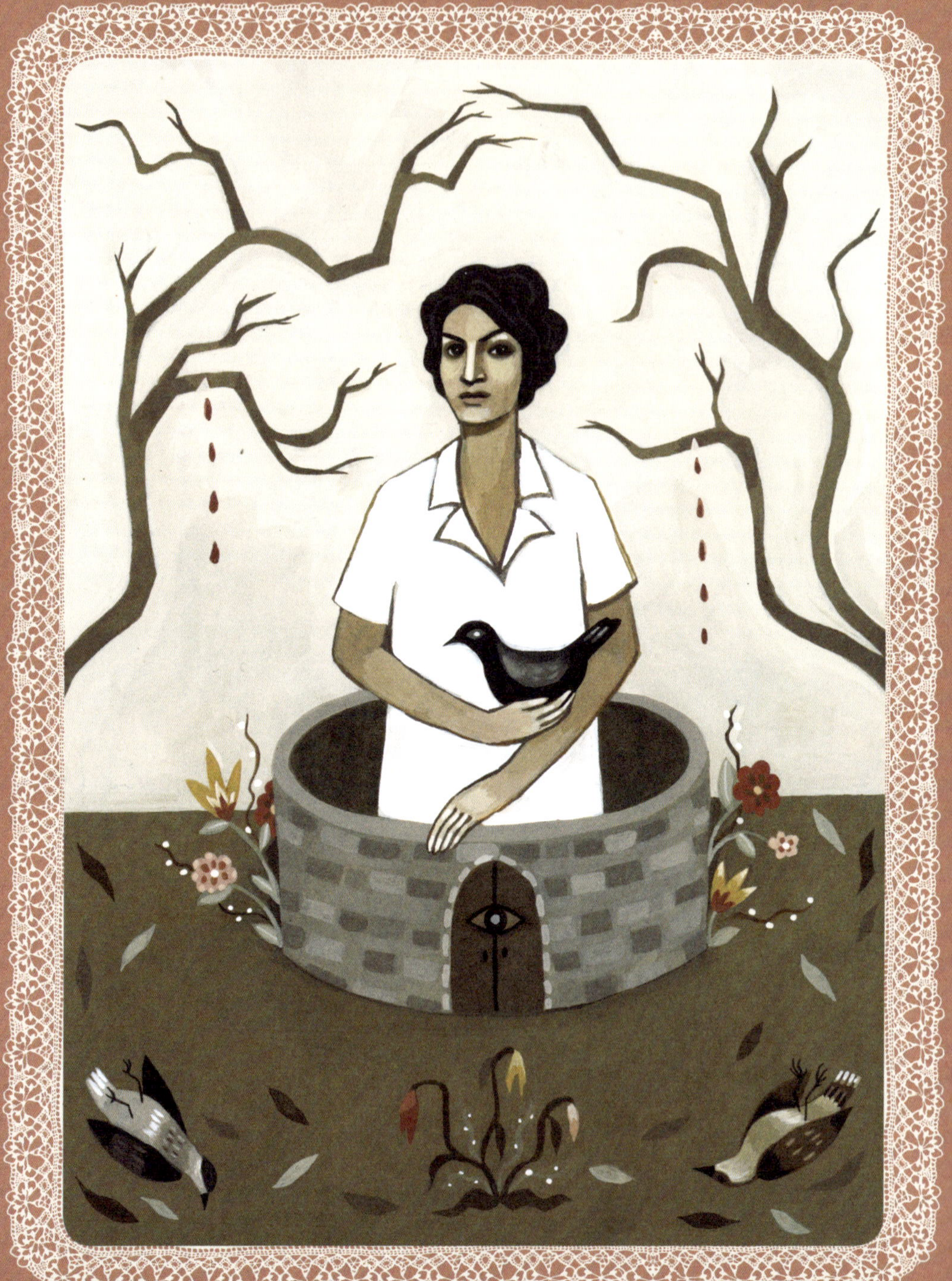

REBELDE DO AMOR SENSUAL,
dos jardins verdejantes e dos perfumes

CANSADA DE SER MULHER, Forugh se transforma em uma árvore de acácia. Com estrelas em seus galhos e peixes no lago a seus pés, ela espera a chegada de seu amante. Enfim, o vento chega... Ele sopra ao redor de seus membros, dando-lhe um abraço. As veias da acácia inundam de vinho. Mas o vento não fica por muito tempo. Ele segue pelo campo solitário e o vinho nas veias de Forugh transborda de agonia.

TRABALHADORES NO CAMPO, perturbados pela forma feminina da acácia — seriam seios na casca? — cortam a árvore. Quando ela cai, os homens veem surgir um espírito nu de mulher. Eles nunca comentam sobre o assunto, mas cada um deles é assombrado por aquela visão.

AGORA, o espírito da acácia visita jardins moribundos em todo o Irã. Ela vai aonde quer que haja terra seca ou canteiros de flores negligenciados. Ela flutua sobre flores murchas, gerânios e lilases esmorecidos. Escutando suas canções de amor, as raízes formigam, os botões incham. Os peixes retornam aos lagos e as árvores balançam, com uma estranha embriaguez em sua seiva.

A poesia sensual e exuberante de Forugh Farrokhzad a coloca entre os maiores poetas do Irã. Muito criticada por resistir às normas sociais, ela se divorciou aos 21 anos, embarcou em casos apaixonados, foi a primeira poeta persa a escrever explicitamente sobre sexualidade, trabalhou como documentarista (confira o premiado *A Casa é Escura*) e adotou um filho de uma colônia de leprosos. Alguns acreditam que ela profetizou sua morte precoce em um acidente de carro no poema "Let Us Believe in the Beginning of the Cold Season."[1]

LEITURA RECOMENDADA
Melhor tradução: Sin: Selected Poems, *trad. Sholeh Wolpé*[2]
Poemas rebeldes iniciais: "The Captive", "The Ring", "Sin"[3]
Joias maduras: "Reborn", "Wind-Up Doll", "I Pity the Garden"[4]

1 "Deixe-nos Acreditar no Início da Estação Fria".
2 Pecado: Poemas Selecionados de Forugh Farrokhzad.
3 "O Cativo", "O Anel", "Pecado".
4 "Renascido", "Boneca de Corda", "Tenho Pena do Jardim".

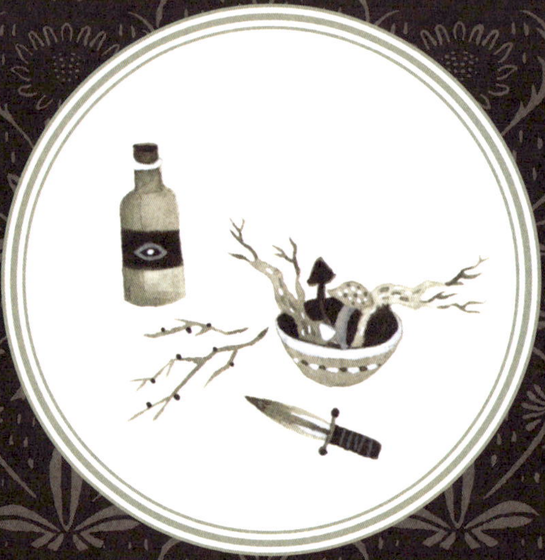

EMILY DICKINSON

Uma das maiores poetas de todos os tempos

Amherst, EUA

1830–1886

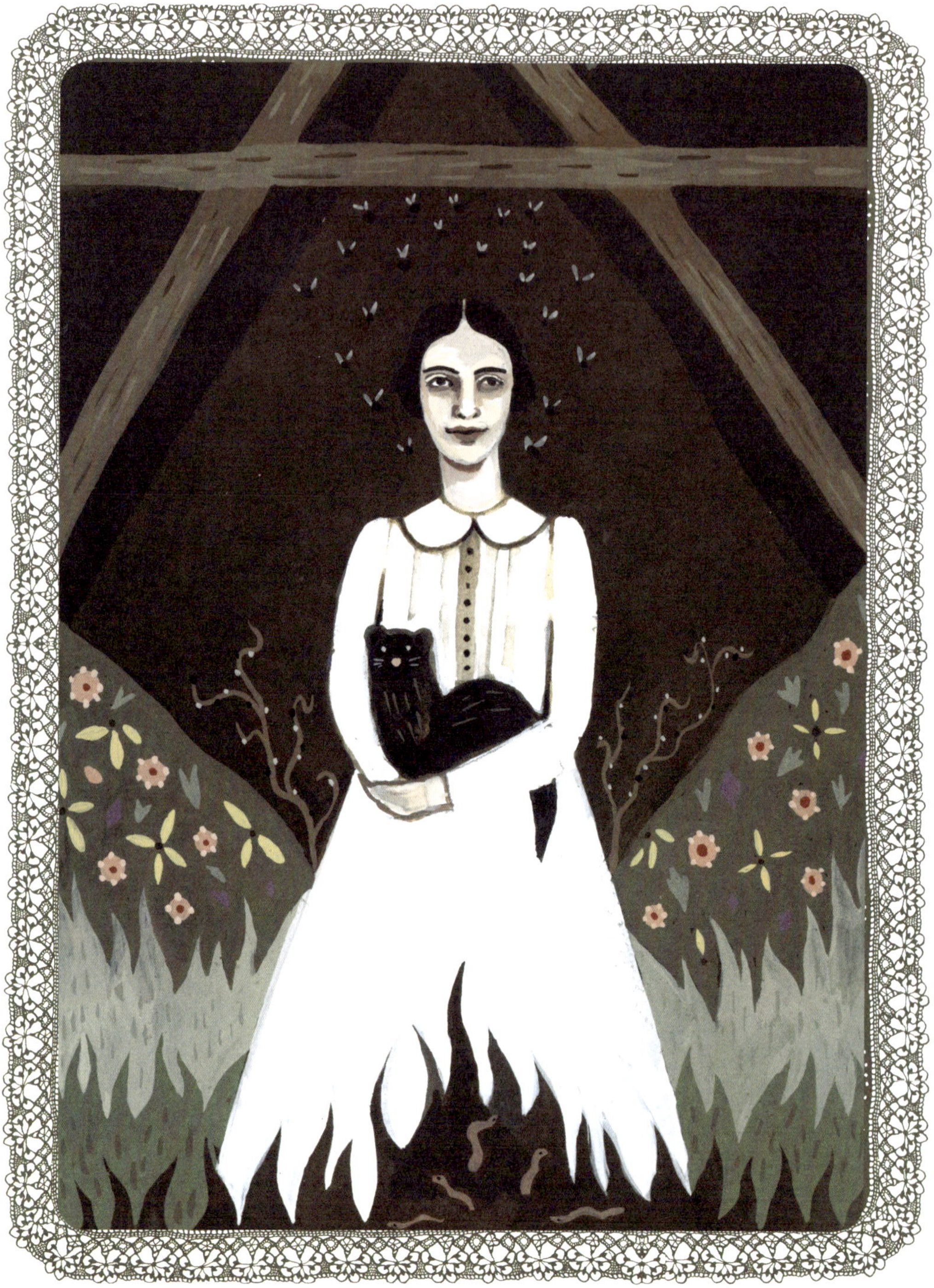

ESPECTRO DAS JANELAS,
das moscas e do inesperado

EMILY VIAJA LIVREMENTE ENTRE O AQUI E O ALÉM.
ÀS VEZES, NOSTÁLGICA, ELA RETORNA...

VOCÊ PODE OLHAR para seu jardim e ver um vestido branco ajoelhado nos canteiros. Nenhum corpo nele. Essa é Emily, de volta à Terra para fazer piada com os amigos vermes.

OU VOCÊ PODE notar um vison gracioso sussurrando para um lago na floresta de Amherst. Todos os anos, Emily incorpora esse mesmo vison para recitar seus novos poemas, em linguagem de vison, para seu melhor leitor, o lago escuro.

MAS SORTE MESMO é avistá-la em um telhado, usando asas de moscas. Antes que você possa dizer o nome dela, Emily voa de casa em casa, de país em país, observando e compreendendo. Quando ela se cansa, Deus lhe envia uma vala, e Emily pula nela, caindo e caindo...

Emily Dickinson passou a vida em Amherst, no Massachusetts. Recusando a religião convencional e a agenda exaustiva de sua família, cultivou uma vida social e espiritual única. Escreveu longas cartas a amigos, trabalhou no jardim e gritou uma poesia surpreendentemente original sobre Deus, morte, dor e amor. Quando ela morreu, mesmo aqueles mais próximos ficaram chocados ao encontrar mil e oitocentos poemas dobrados com cuidado em uma gaveta.

LEITURA RECOMENDADA
O tijolão: The Poems of Emily Dickinson *(Reading Edition)*, R.W. Franklin (org.)[1]
O que você leva para qualquer lugar: Dickinson: Poems
(Everyman's Library Pocket Poets)
Comece aqui: "Noites Loucas – Noites Loucas!", "Senti um Funeral, em meu Cérebro", "Eu moro na possibilidade –", "A Lua é do Mar distante –", "Há uma certa Inclinação da luz", "Fama é comida instável", "Você me deixou – Senhor – dois Legados –", "Este mundo não é a conclusão"

---

1   No Brasil, foi publicado *Poesia Completa, v. 1* (2020).

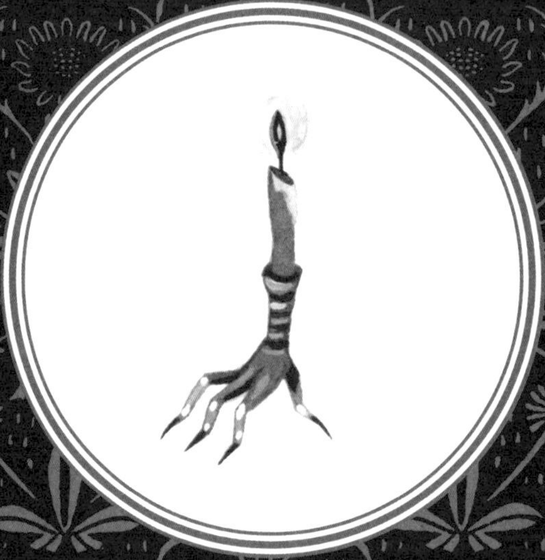

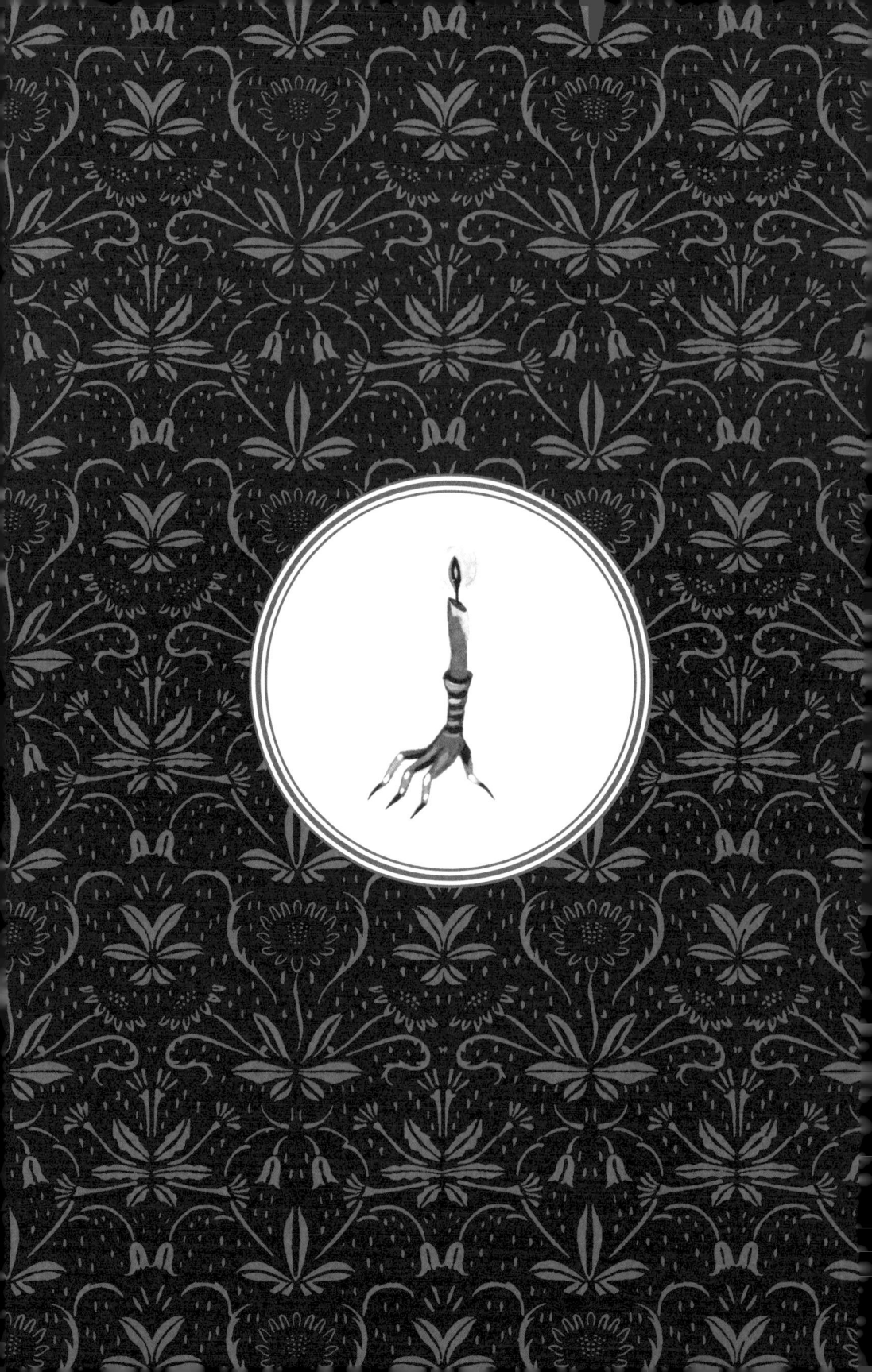

AUDRE LORDE

Poeta, ensaísta e ativista

Nova York, EUA

1934–1992

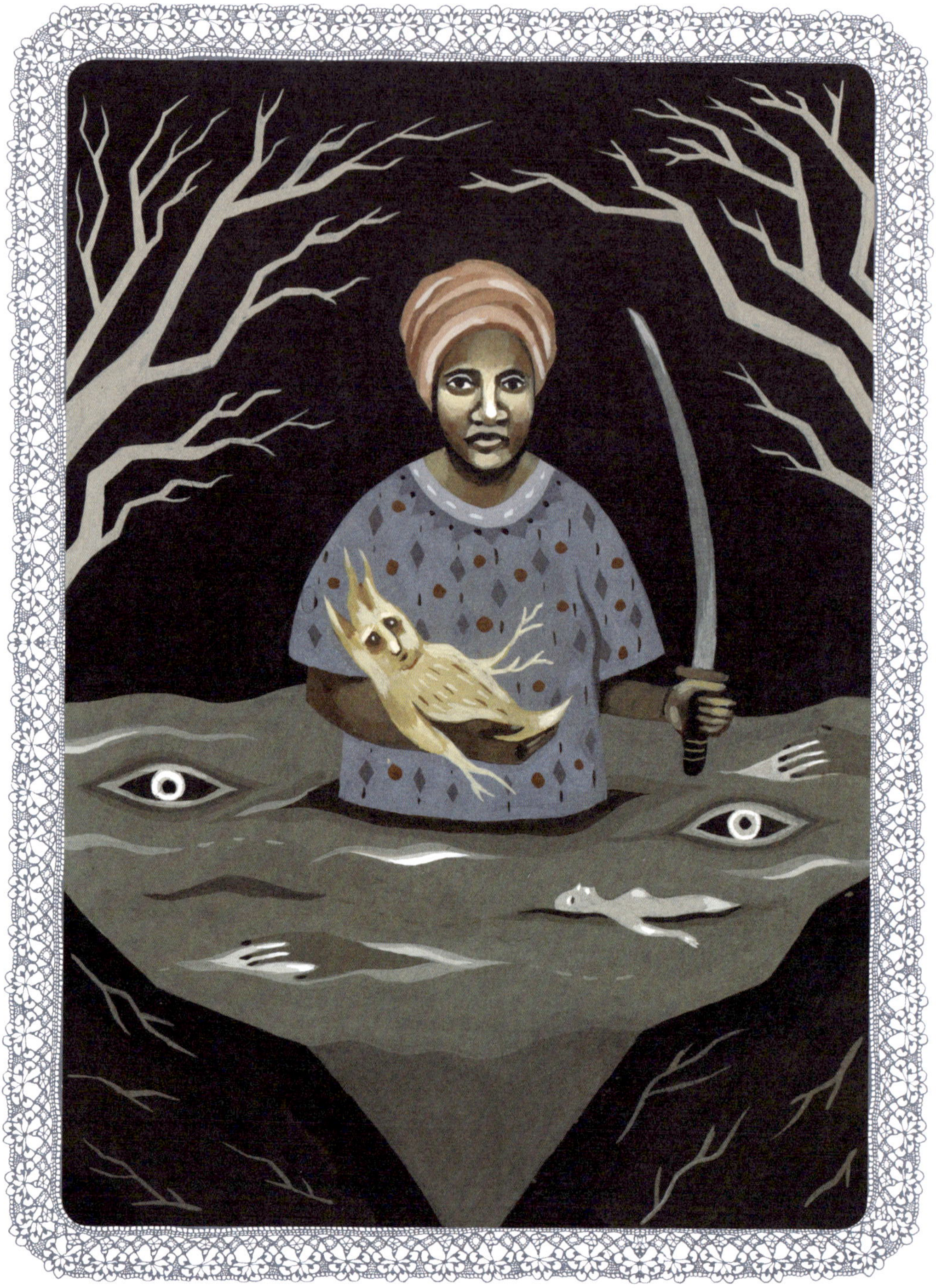

BRUXA GUERREIRA
da alteridade, da elétrica dos corpos e da sororidade

INSTRUÇÕES PARA uma palestra de Audre Lorde levam você a uma caverna. Audre te entrega uma tocha e uma espada na entrada. A tocha é para encontrar os hieróglifos lá dentro. A espada é para matar fantasmas e demônios pelo caminho. A voz de Audre atrás de você é para te empurrar para a frente.

NA FLORESTA SECRETA da noite, onde as mulheres vão para comer os próprios corações, Audre é uma deusa surgindo de um lago de lava. As mulheres se aproximam timidamente, mas aceitam a mão estendida. Audre as mergulha em ouro borbulhante e elas emergem em roupas derretidas, com a lava preenchendo suas feridas.

O LEGISTA de Audre registra: *O braço esquerdo do sujeito parece ser uma mulher cochilando. O braço direito é uma menininha bebendo leite de sua palma. As costas são uma mãe encolhida. As pernas, duas mulheres se beijando. Os cabelos são girinos. Os olhos, caracóis. A língua, um sapo —* O sapo salta no rosto do legista, que corre para fora da sala, aos gritos.

Nascida na cidade de Nova York e filha de pais das Índias Ocidentais, foi com muito orgulho que Audre Lorde se proclamou uma feminista lésbica negra. Como ativista e ensaísta, falou abertamente sobre racismo, sexismo e homofobia. Além desses temas, seu trabalho é povoado de mães, filhos, irmãs, raiva, câncer, erotismo, unicórnios, caracóis comendo cobras mortas, bruxas, fogo e a importância de recusar o silêncio, ponto final.

LEITURA RECOMENDADA
Os poemas mais bruxos: A Unicórnia Preta
Ensaios famosos: Irmã Outsider ("A Poesia Não É um Luxo", "Os Usos do Erótico")
Romance biomitográfico: Zami, uma Biomitografia

ANGELA CARTER

Autora de ficção e contos de fada

Eastbourne, Inglaterra

1940–1992

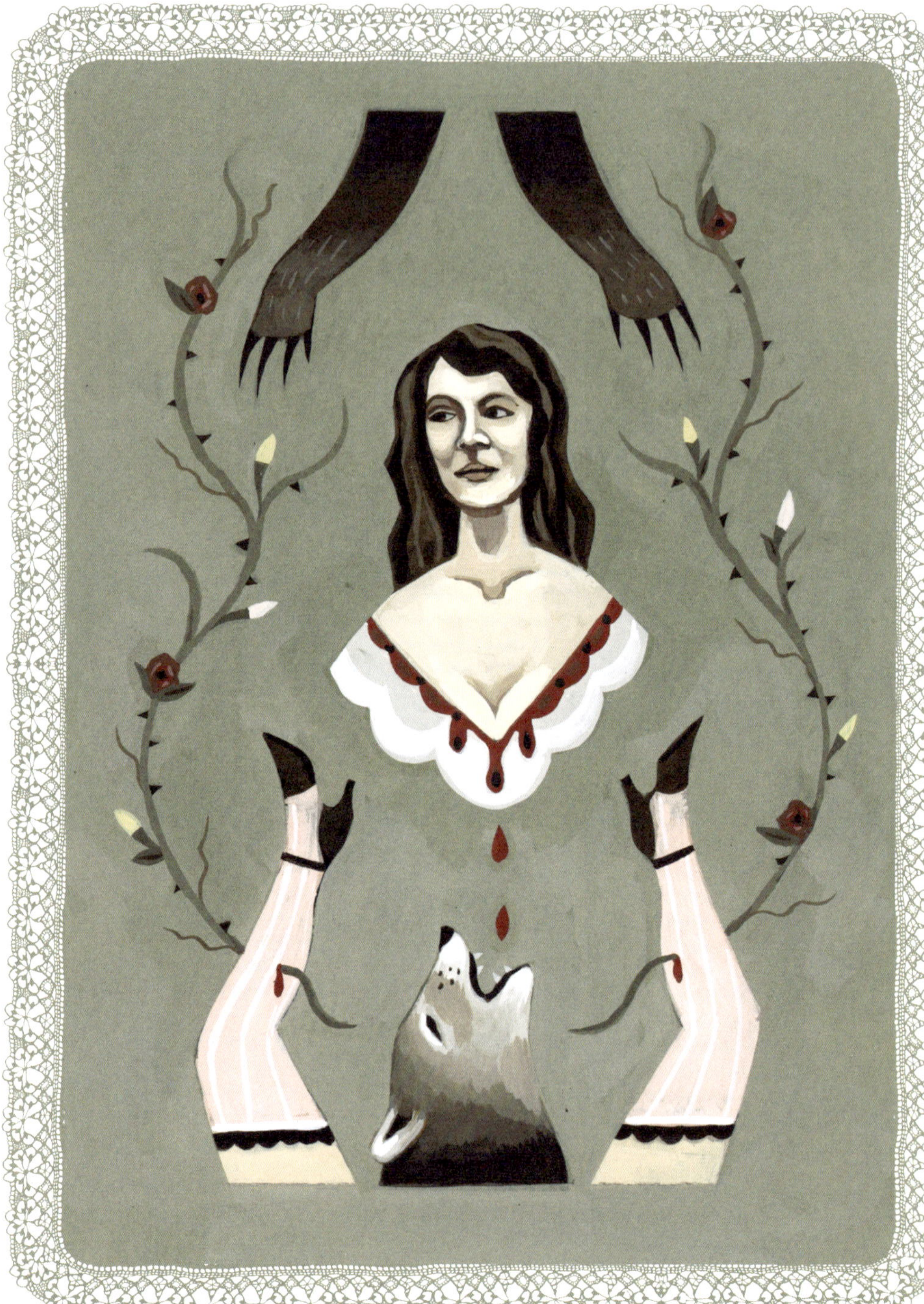

FADA MADRINHA DOS CONTOS SANGRENTOS,
do circo e dos espelhos

ANGELA ENTRA em um elevador com um grupo de empresários. As portas se fecham. Ela vê que um dos homens tem cabeça de javali. O outro, de tigre. Um leão. Eles agarram as próprias pastas, anéis adornados brilhando entre os nós dos dedos peludos, e olham para os números dos andares mudando.

ANGELA ESTÁ REGANDO rosas quando uma boneca recatada com um traje de montaria vermelho entra no jardim. *Ah, não, mais uma.* Angela revira os olhos. Ela pega a faca e crava a lâmina no coração da boneca. A roupa de montaria desmorona e um lobo ensanguentado escapa do pano e sai correndo do jardim. Gotas escuras de sangue afundam no solo e as rosas de Angela desabrocham em um vermelho mais profundo e apetitoso.

ENQUANTO OS ENLUTADOS comparecem ao funeral sóbrio de Angela, sua alma glamourosamente faz uma reverência em um grande palco. Ela está de mãos dadas com duas dançarinas idosas em trajes de lantejoulas e, embora a plateia esteja vazia, as senhoras saem ao som de estridentes aplausos.

Os contos de fadas feministas de Angela Carter, que se inspiram em histórias como "Chapeuzinho Vermelho" e "A Bela e a Fera", são tapeçarias suntuosas que descrevem cenas sexuais e violentas, ornamentadas por símbolos e adjetivos. Fascinada pela performance da feminilidade, seus trabalhos apresentam dançarinas, trapezistas e bonecas.

LEITURA RECOMENDADA
Contos feministas encantados: A Câmara Sangrenta
Romances burlescos: Noites no Circo, Wise Children[1]
Não ficção feminista sobre o empoderamento sexual: A Mulher Sadeiana e a Ideologia da Pornografia

---

1   *Crianças Sábias.*

VIRGINIA WOOLF
Modernista visionária

Londres, Inglaterra

1882–1941

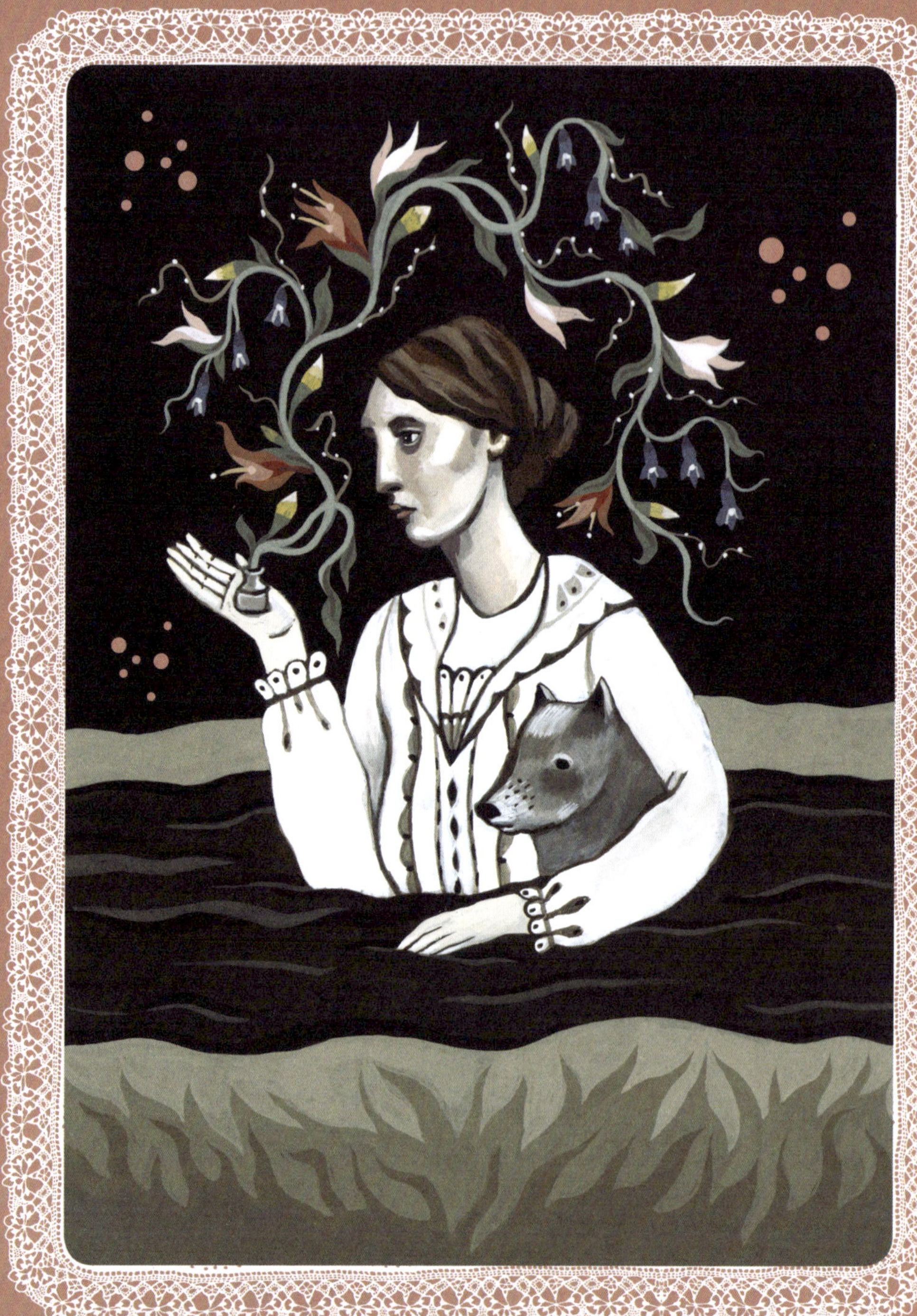

GUARDIÃ DAS ÁGUAS,
da porcelana e do léxico

ATRAVESSANDO A RUA em um dia chuvoso, Virginia salta com destreza de uma poça de consciência para outra. Ela ama essas poças, onde criaturas envolvem seus tornozelos. Mas, antes que possa chegar à próxima rua, Virginia vê sua própria poça: ela transborda com a chuva, eleva-se, torna-se um rio profundo e turbulento. A esse rio ela não vai sobreviver.

CARREGADO por seu rio, o corpo de Virginia se torna um farol — uma torre de percepção com um imenso olho, iluminando tudo que ela vê com uma visão rica e amanteigada, transformando peixes que se alimentam do fundo do rio e detritos em objetos de beleza e significado.

ANTES DE VIRGINIA ser puxada para baixo para sempre, um filhote de lobo salta do olho do farol, como Atenas da testa de Zeus. Esta é a única prole de Virginia. A filha loba luta para chegar à margem do rio. Ela sobrevive.

Virginia Woolf ajudou a inaugurar um novo e importante movimento literário com sua ficção de fluxo de consciência que, intensamente focada na experiência da percepção, passeia com fluidez entre as vidas internas de seus personagens. Sua vida pessoal (sem filhos, sexualmente livre) e incisivos ensaios feministas também foram radicais. Depois de uma vida inteira lutando contra transtornos mentais, Woolf colocou pedras em seus bolsos e entrou no rio perto de sua casa em Sussex.

LEITURA RECOMENDADA
Comece aqui: Mrs. Dalloway
O romance mais primoroso: Rumo ao Farol
Não ficção feminista: Um Teto Todo Seu, *"Profissões para Mulheres"*

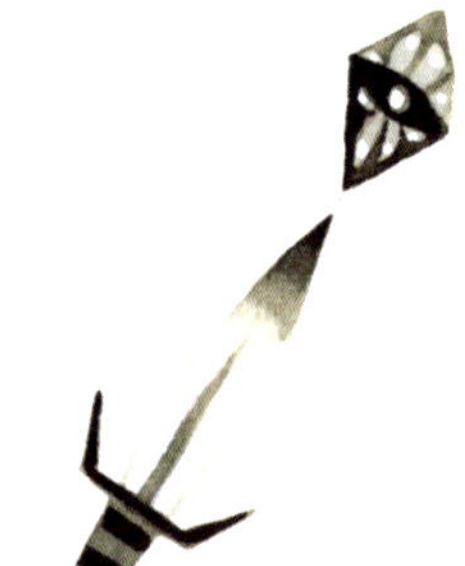

SANDRA CISNEROS

Escritora inovadora

Chicago, EUA
N. 1954

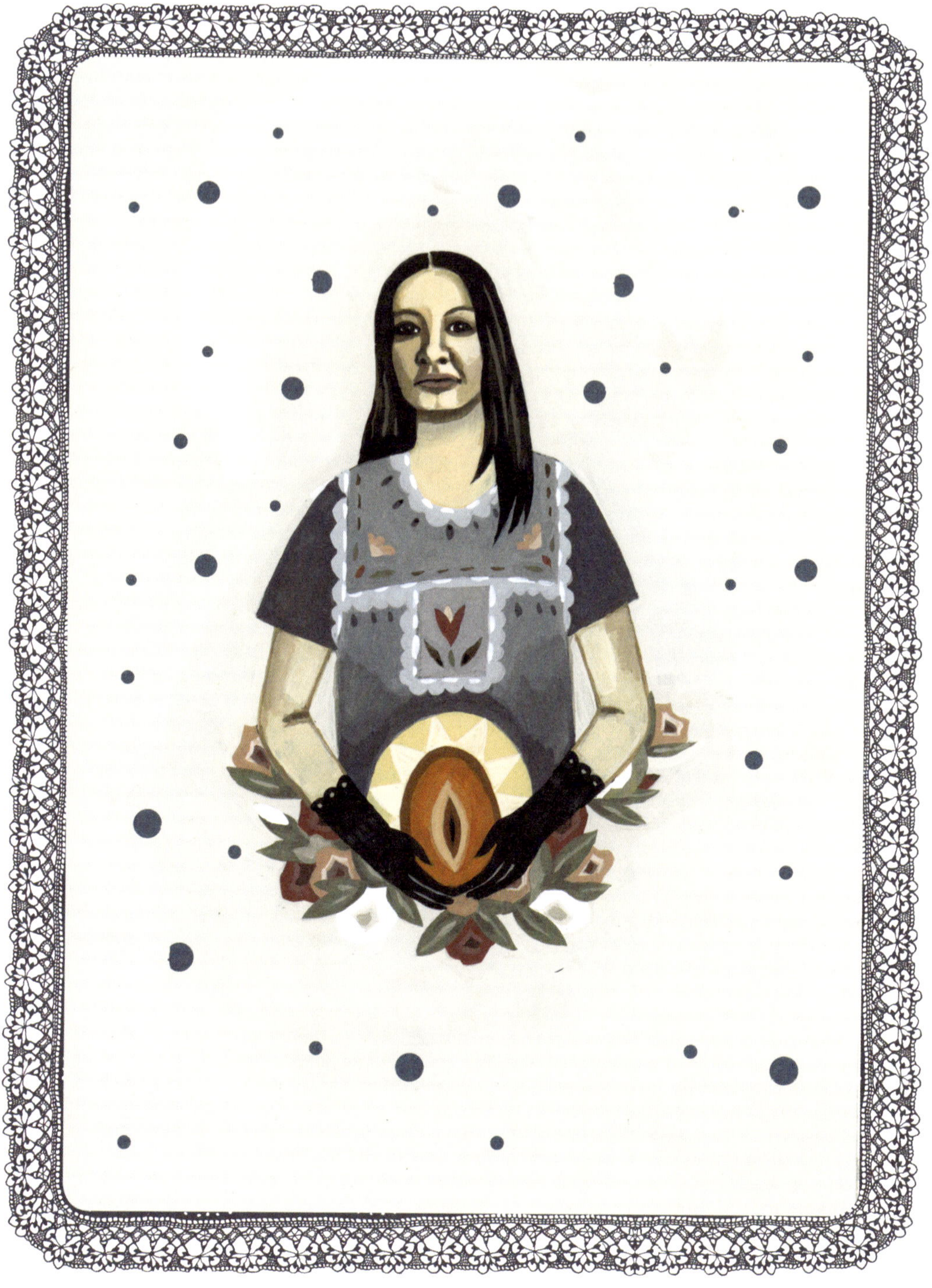

HECHICERA DOS NOMES,
das casas e da solidão

SANDRA VIVE dentro de uma manga. Ela escreve em sua mesa de manga, vai mordiscando até a cozinha de manga. Às vezes, a manga é deliciosamente suculenta; outras vezes, verde. Às vezes, muito doce; outras, machucada. Mas é a manga de Sandra, e de mais ninguém.

SANDRA RELUZ como a Virgem de Guadalupe, vibrando com todos os seus sentidos. Com um charuto na mão, ela anda até os jacarandás, pendurando sutiãs de renda preta em seus galhos. Jaguares traçam a orla de seu brilho sagrado.

MULHERES PRESAS em casas de maridos e pais acordam com os cabelos cortados, trançados em cordas. *Use-as para fugir*, dizem as mensagens amarradas com fita. Pela janela, lá embaixo na rua, Sandra pisca e abre os braços.

Nascida em um bairro de classe trabalhadora em Chicago, filha de pai mexicano e mãe mexicana-americana, Sandra Cisneros passeia pela riqueza – e a misoginia – das culturas hispânica e norte-americana. Ela fez votos de nunca se casar e sempre ter uma casa própria. Seu livro mais famoso, *A Casa na Rua Mango*, um romance de amadurecimento composto por intensas vinhetas sensoriais, é estudado em escolas primárias e também em faculdades. Não deixe de conferir sua poesia, que celebra uma sexualidade saudável, e seus contos magistrais.

LEITURA RECOMENDADA
O melhor romance de amadurecimento: A Casa na Rua Mango
Poesia bruxa sexy: Mulher Solta
Contos subversivos: Woman Hollering Creek and Other Stories[1]

---

1 *O Riacho da Chorona e Outros Contos.*

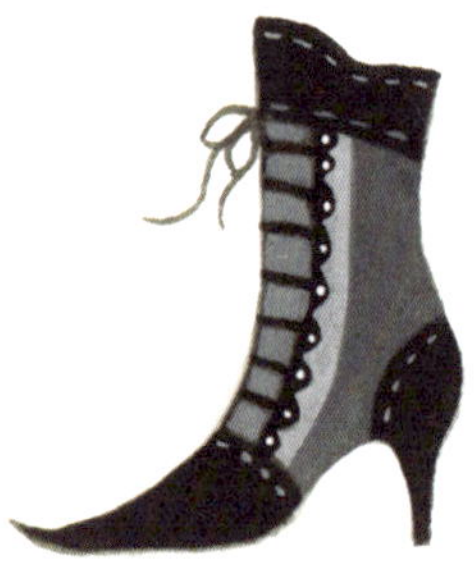

CHARLOTTE PERKINS GILMAN

Potência do feminismo, do socialismo e da ficção

Hartford, EUA

1860–1935

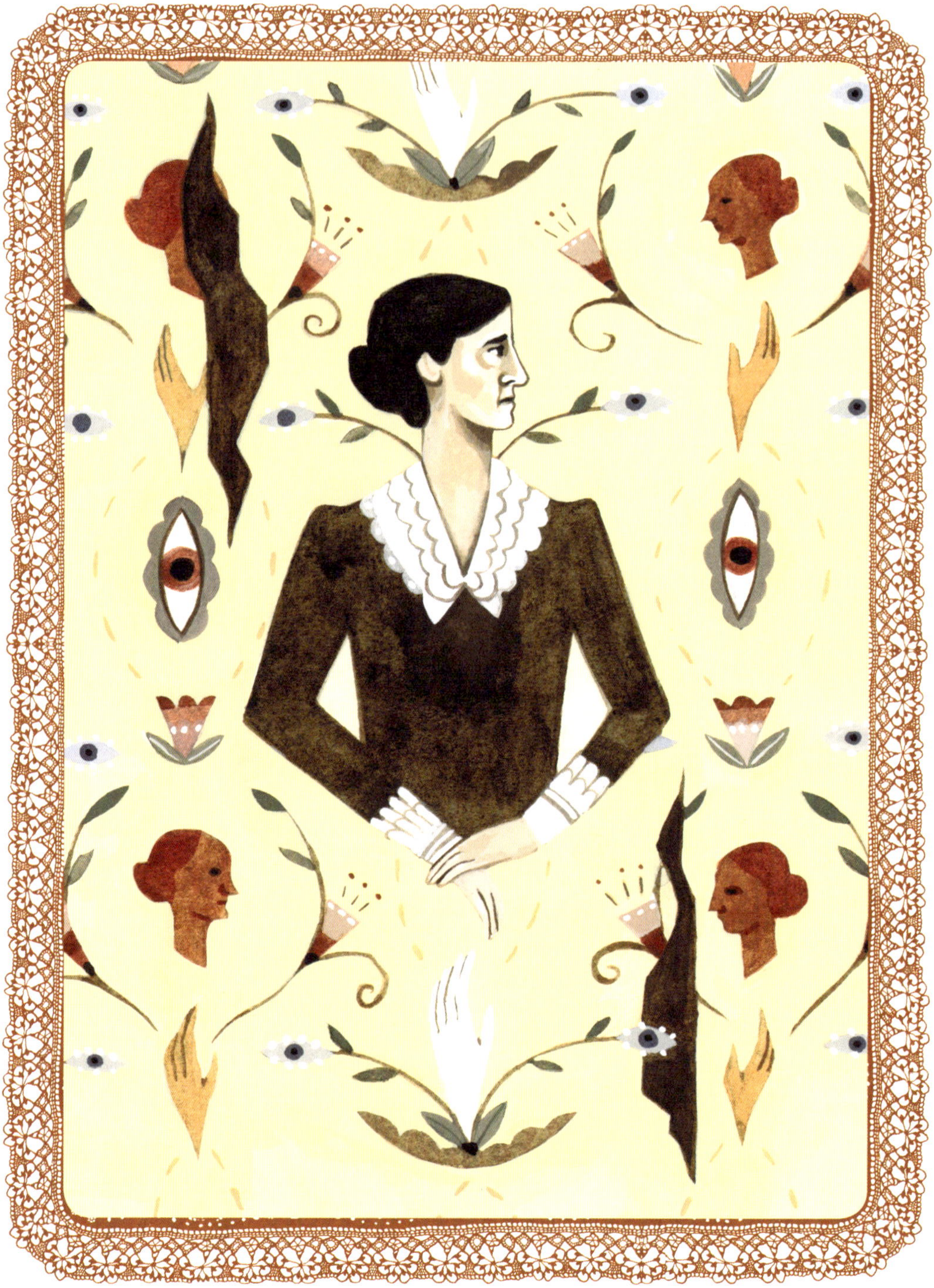

ADIVINHA DE UTOPIAS,
das mulheres assustadoras e do papel de parede maligno

AS FOTOGRAFIAS norte-americanas da virada do século XIX mostram um padrão estranho: uma mãe escuta um orador invisível em frente à lareira. Uma esposa, fazendo compras, leva uma laranja ao ouvido. Três mulheres se reúnem no parque para olhar para o nada — ou seria um lampejo de luz? Em cada foto, é Charlotte, a fada invisível, que chama a atenção das mulheres, sussurrando as mudanças vindouras.

A CARREIRA de Charlotte começa no dia em que ela percebe o papel de parede da sala. Ele parece desconfortável e abafado, como alguém preso em um suéter de lã, então ela arranca o papel em grandes tiras. Um mural secreto é revelado, retratando uma terra de frutas abundantes, cidades limpas, crianças nutridas, homens e mulheres trabalhando lado a lado. A parede dá um suspiro de alívio.

CHARLOTTE aprende cedo que possui poderes mágicos. Basta mexer sua varinha e as sociedades vão se endireitar, tudo será como ela imaginou. Mas, em vez disso, ela guarda a varinha no bolso e treina para a próxima palestra. As pessoas devem perceber as mudanças por conta própria.

Charlotte Perkins Gilman é mais conhecida por "O Papel de Parede Amarelo", uma história inspirada na desastrosa e sexista "cura pelo descanso" prescrita para sua depressão pós-parto. Em sua época, Gilman também foi famosa como crítica, dando palestras populares sobre a reforma econômica e social, e suas escolhas de vida não convencionais. Vale a pena revisitar os romances utópicos e a não ficção por suas visões de uma sociedade cooperativa e pelo lugar dos papéis de gênero na economia.

LEITURA RECOMENDADA
Contos essenciais: "O Papel de Parede Amarelo", "Quando Eu Era Bruxa"
O melhor dos romances utópicos feministas: Herland: A Terra das Mulheres
Clássico de não ficção: Mulheres e Economia

JAMAICA KINCAID

Autora antiguana-americana

Saint John's, Antigua e Barbuda
N. 1949

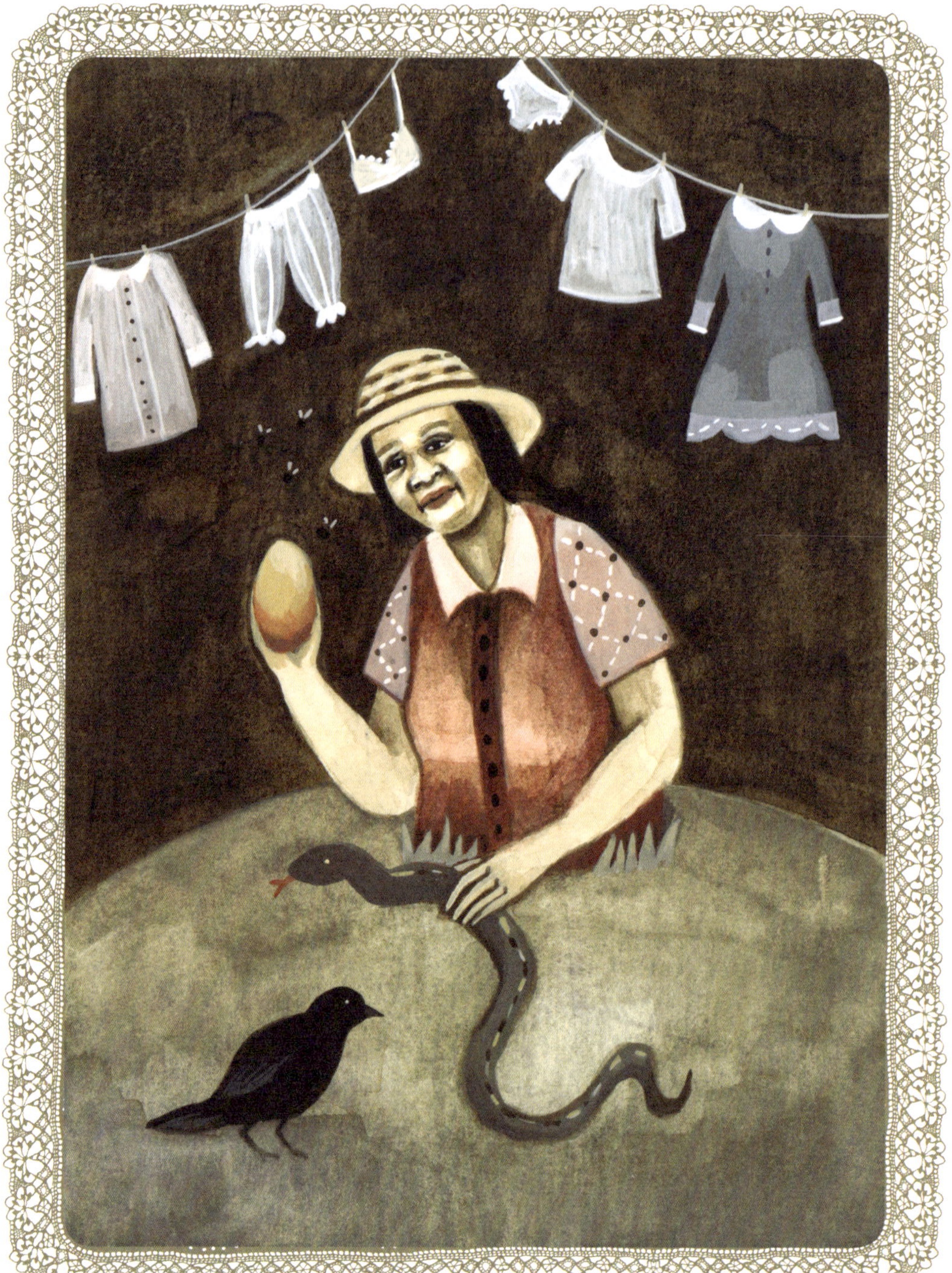

FEITICEIRA DAS ILHAS,
do veneno e das histórias

DURANTE O DIA, a ilha de Antígua dorme como um leão branco de areia. À noite, o leão abre a mandíbula para engolir meninas inteiras. Quando sua infância termina, Jamaica luta para sair da boca do leão e nada até os Estados Unidos.

JAMAICA COLOCA uma panela de sopa no fogão. Ela está cheia de dor, a dor de nações e de famílias. Ela sai de casa e vai cuidar de seus negócios. Ao anoitecer, a sopa se reduz a uma espessa lama preta. Jamaica a pega com a caneta e escreve.

JAMAICA ANDA com seu bicho favorito, a Serpente da Linguagem, em uma coleira: a cobra repete seu sinistro deslizar na calçada, colocando-se nas arestas da dona e pronta para atacar.

Jamaica Kincaid nasceu em Antígua, uma ex-colônia de escravos britânica nas Índias Ocidentais. Ansiosa para fugir, ela se mudou para os Estados Unidos aos dezoito anos para trabalhar como *au pair*. Logo depois, começou a escrever artigos para a *New Yorker*, e também sua intensa e mordaz ficção e não ficção, onde expressa tremenda autoridade e clareza e muitas vezes repete imagens e frases em uma invectiva insistente contra as falhas de mães, pais, irmãos e do colonialismo.

LEITURA RECOMENDADA
Contos inesquecíveis: At the Bottom of the River *(comece com "Girl")*[1]
Romances clássicos de amadurecimento: Annie John,
Lucy, A Autobiografia da Minha Mãe
Crítica mordaz do turismo caribenho: A Small Place[2]

---

1   *No Fundo do Rio.*
2   *Um Pequeno Lugar.*

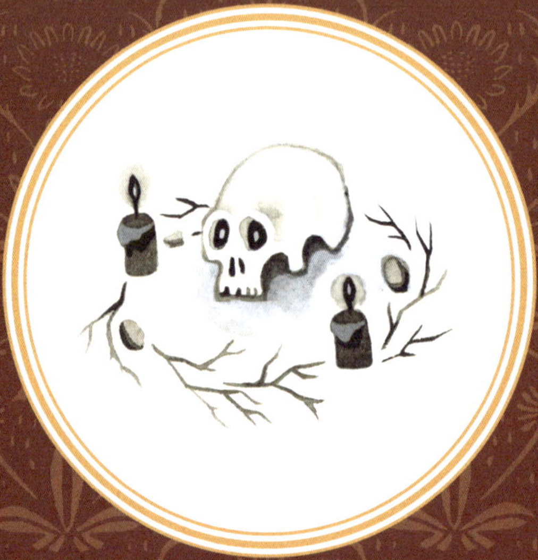

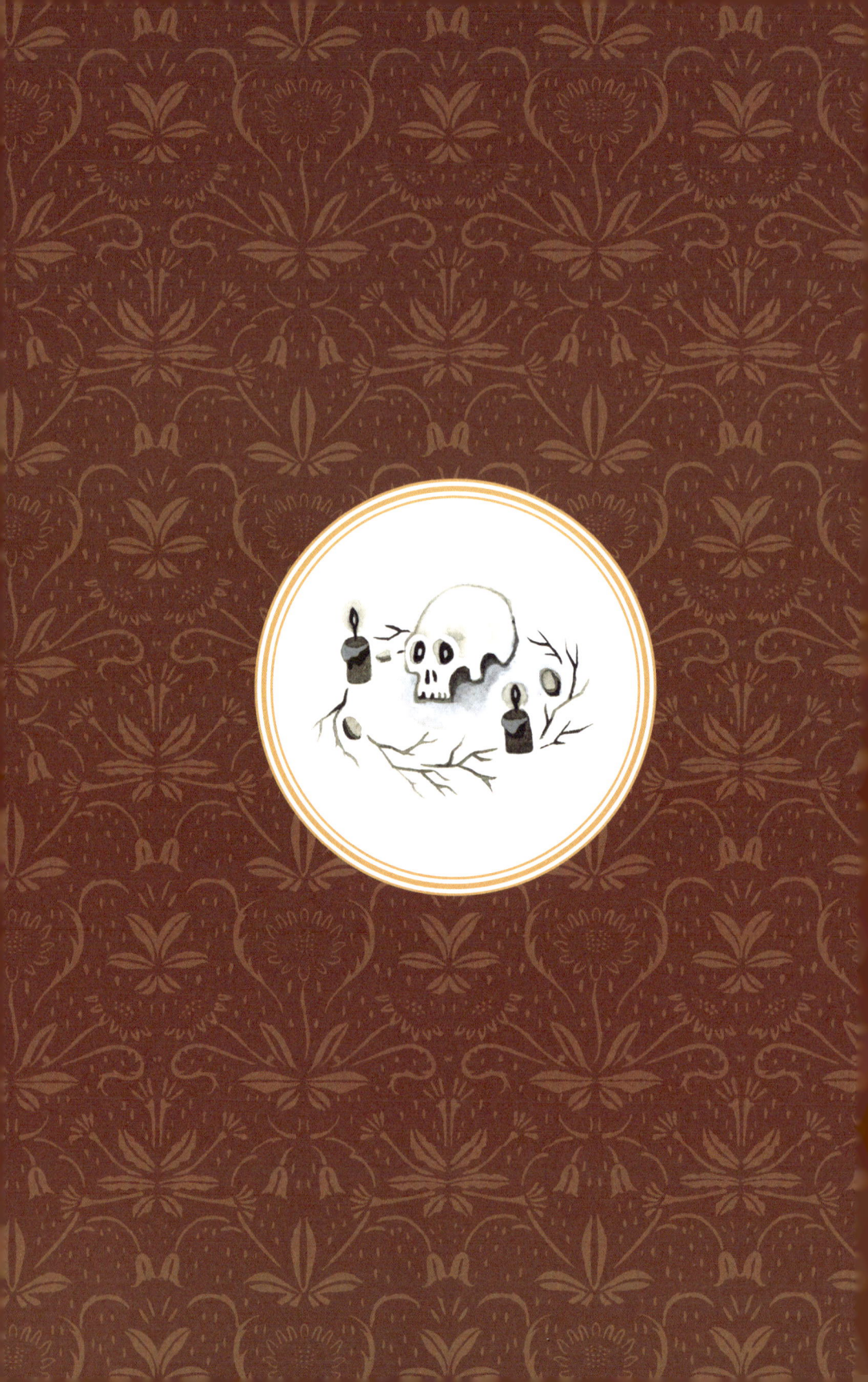

ANNE CARSON

Poeta e classicista

Toronto, Canadà

N. 1950

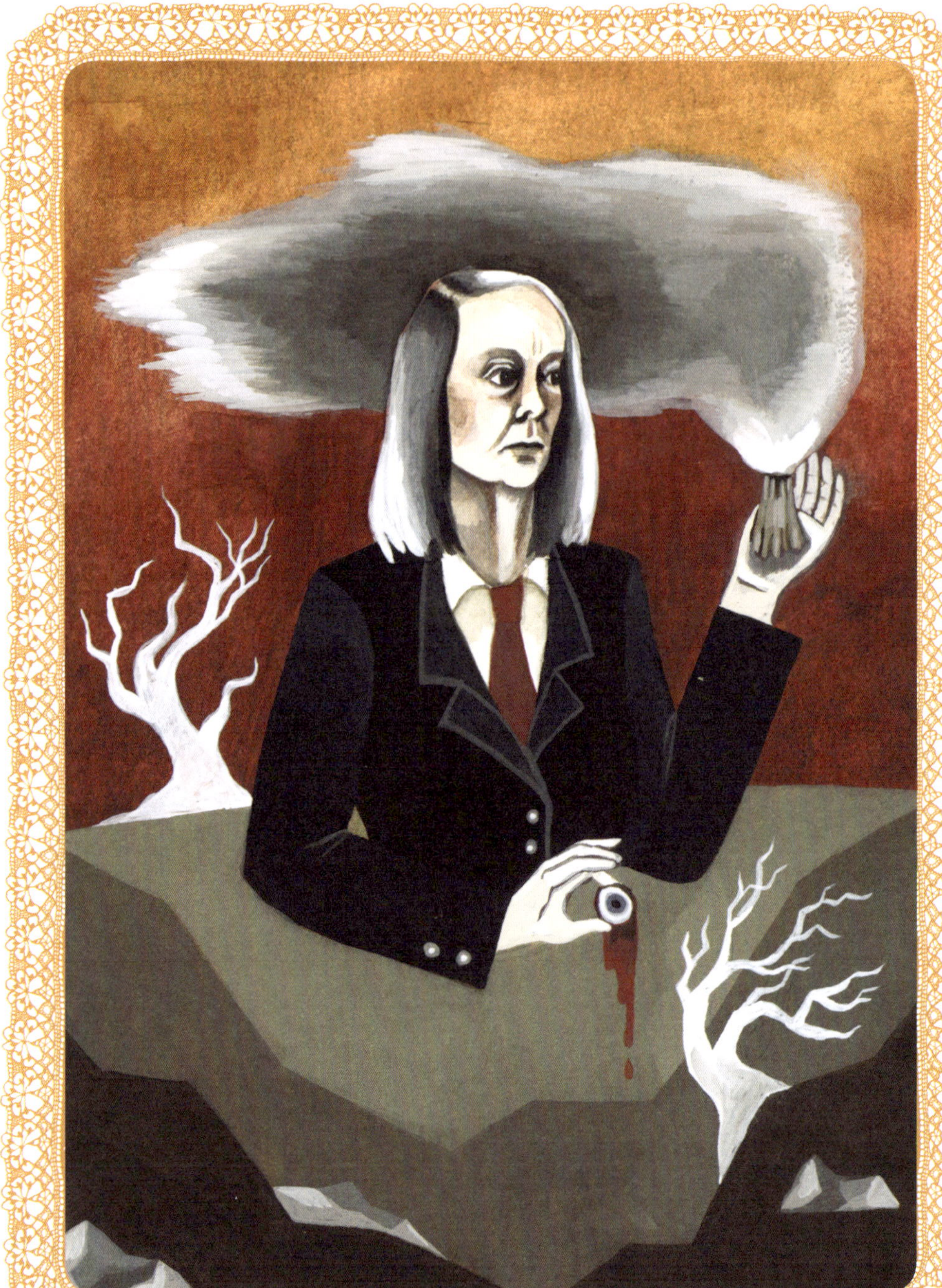

ALTA SACERDOTISA DOS ACADÊMICOS,
dos vulcões e de Eros

DIZ-SE que o cérebro de Anne, uma joia sombria de preço astronômico, existe em vários lugares ao mesmo tempo. Seus dentes afiados podem encontrar seu tornozelo a qualquer momento. Cuidado.

SAFO, SÓCRATES E SÓFOCLES são alguns dos fantasmas que assombram as noites de Anne. Eles a seguem de quarto em quarto, monologando em grego antigo sobre suas dores e perdas. O amanhecer enrijece os fantasmas em mármore. Anne acaricia seus músculos e se delicia com café e torradas.

DA JANELA, Anne observa um esquilo. Ela se pergunta: *O que os esquilos sabem que eu não sei?* Mais tarde, depois de se banquetear com os olhos do esquilo, ela adquire o conhecimento desejado. E o esquilo, de resto intacto, torna-se o Xamã Cego dos Esquilos, assim abençoado pela Sacerdotisa.

A combinação de austeridade, percepções surpreendentes e questionamento implacável desta ganhadora do prêmio MacArthur "Genius" é tão inspiradora e explosiva quanto as pinturas de vulcão que a tornaram célebre. A produção prolífica de poemas, ensaios e vários híbridos de Anne Carson fala sobre parentes perdidos, amor e desejo, religião e a tradição intelectual. Ela também é uma estudiosa de textos gregos e latinos antigos e uma entusiasta de suas colegas bruxas, tendo traduzido Safo e escrito sobre Emily Brontë e Virginia Woolf.

LEITURA RECOMENDADA
Nossos ensaios e poemas favoritos: Glass, Irony, and God[1]
Romance em versos baseado em um mito grego: Autobiography of Red[2]
Ensaios imaginativos sobre o amor: Eros the Bittersweet[3]
A tradução mais inventiva de Sófocles [para o inglês]: Antigonick

---

1   *Vidro, Ironia e Deus.*
2   *Autobiografia do Vermelho.*
3   *Eros, o Agridoce.*

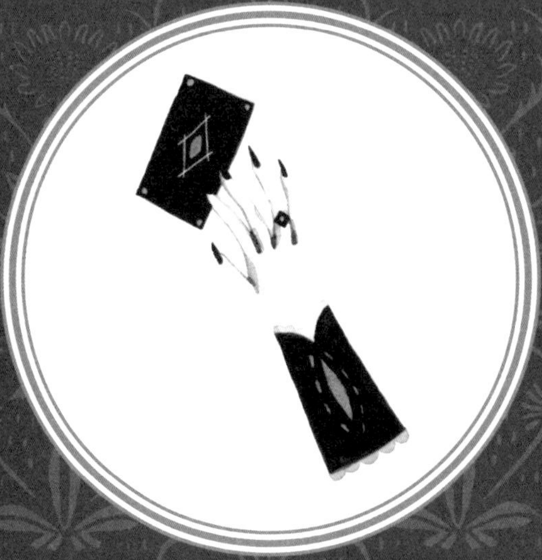

LESLIE MARMON SILKO

Romancista de Laguna Pueblo

Albuquerque, EUA

N. 1948

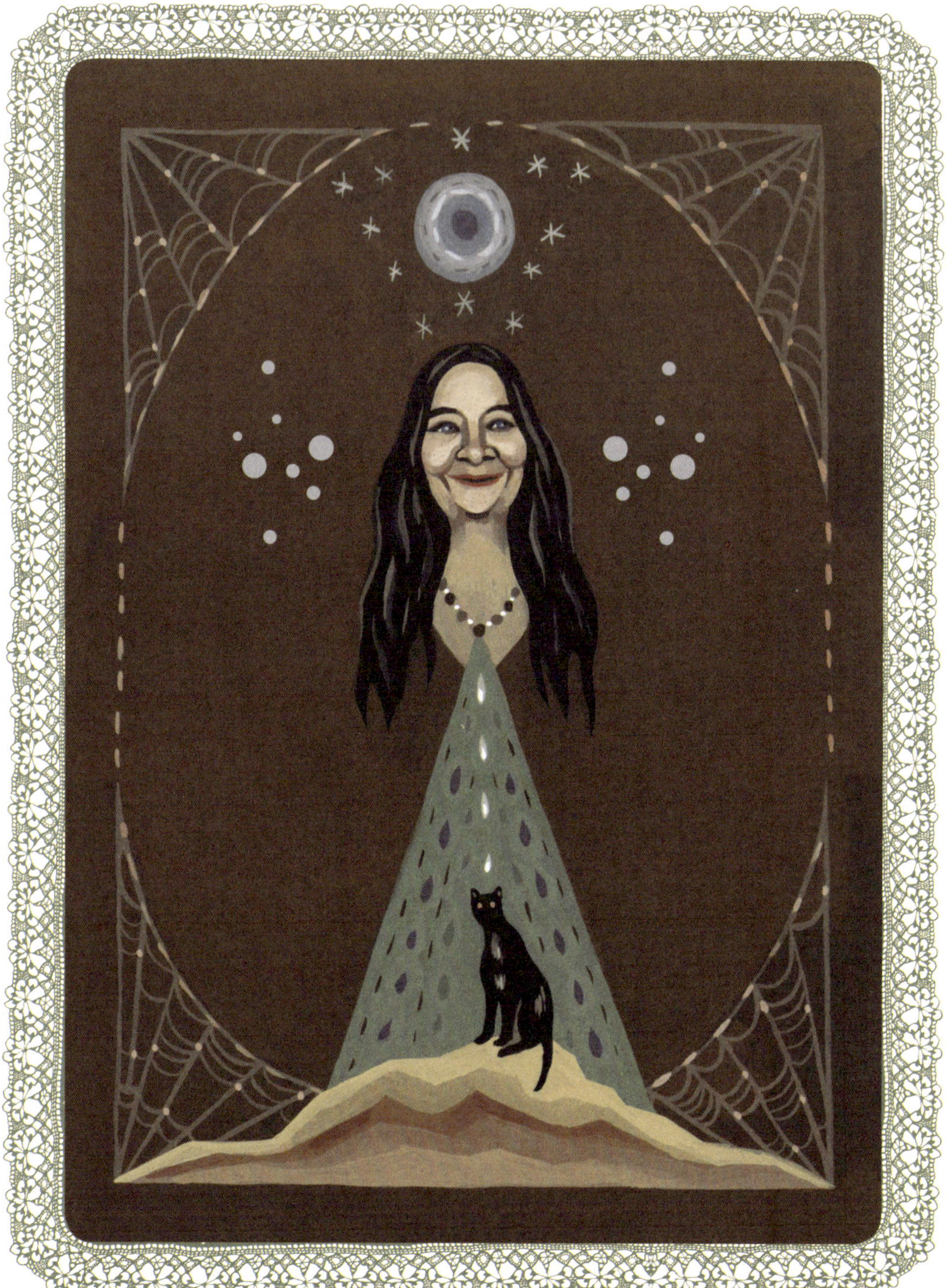

CONTADORA DE HISTÓRIAS DE CASCAVÉIS,
das turquesas e do deserto sagrado

A SECA ESTÁ demorando muito, então Leslie tenta algo novo. Ela percorre as correntes do rio na forma de um leão da montanha, conversando com o céu. Na manhã seguinte, a chuva preenche as pegadas no quintal dela.

UMA ENORME SERPENTE envolve a casa de Leslie, e sua cabeça protege a porta. Ela tem marcas de todas as cores — as cores de cada pessoa na Terra, cada rocha, animal e planta.

LESLIE CONTA uma história e a história se lembra de si mesma. A seda da aranha que mantém todas as coisas juntas cintila com a luz da voz de Leslie.

De ancestralidade pueblo, mexicana, europeia e cherokee, Leslie Marmon Silko se identifica mais com a cultura laguna pueblo, que mantém uma crença vital na interconectividade do universo. O trabalho de Silko explora as tensões entre as comunidades diversas e os métodos de cura do Sudoeste. Seu romance revolucionário, *Ceremony*[1] — sobre um jovem meio pueblo, meio branco tentando se recuperar do trauma da Segunda Guerra Mundial — pôs em evidência a literatura dos povos indígenas norte-americanos.

LEITURA RECOMENDADA
Clássico inovador: Ceremony
Épico extenso: Almanac of the Dead[2]
Poemas e contos inspirados no folclore pueblo: Storyteller[3]

---

1   *Cerimônia.*
2   *Almanaque dos Mortos.*
3   *Contador de Histórias.*

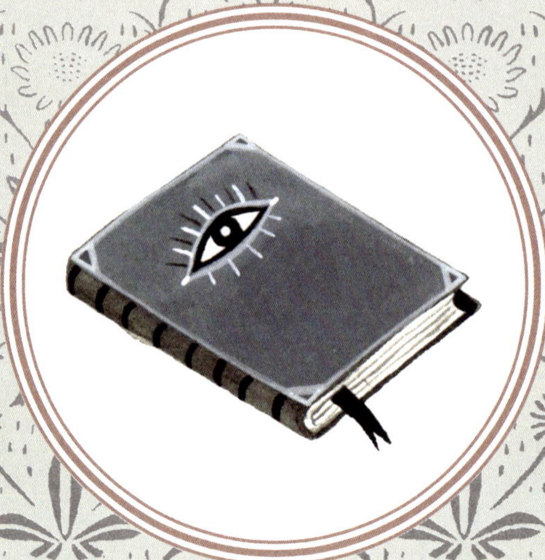

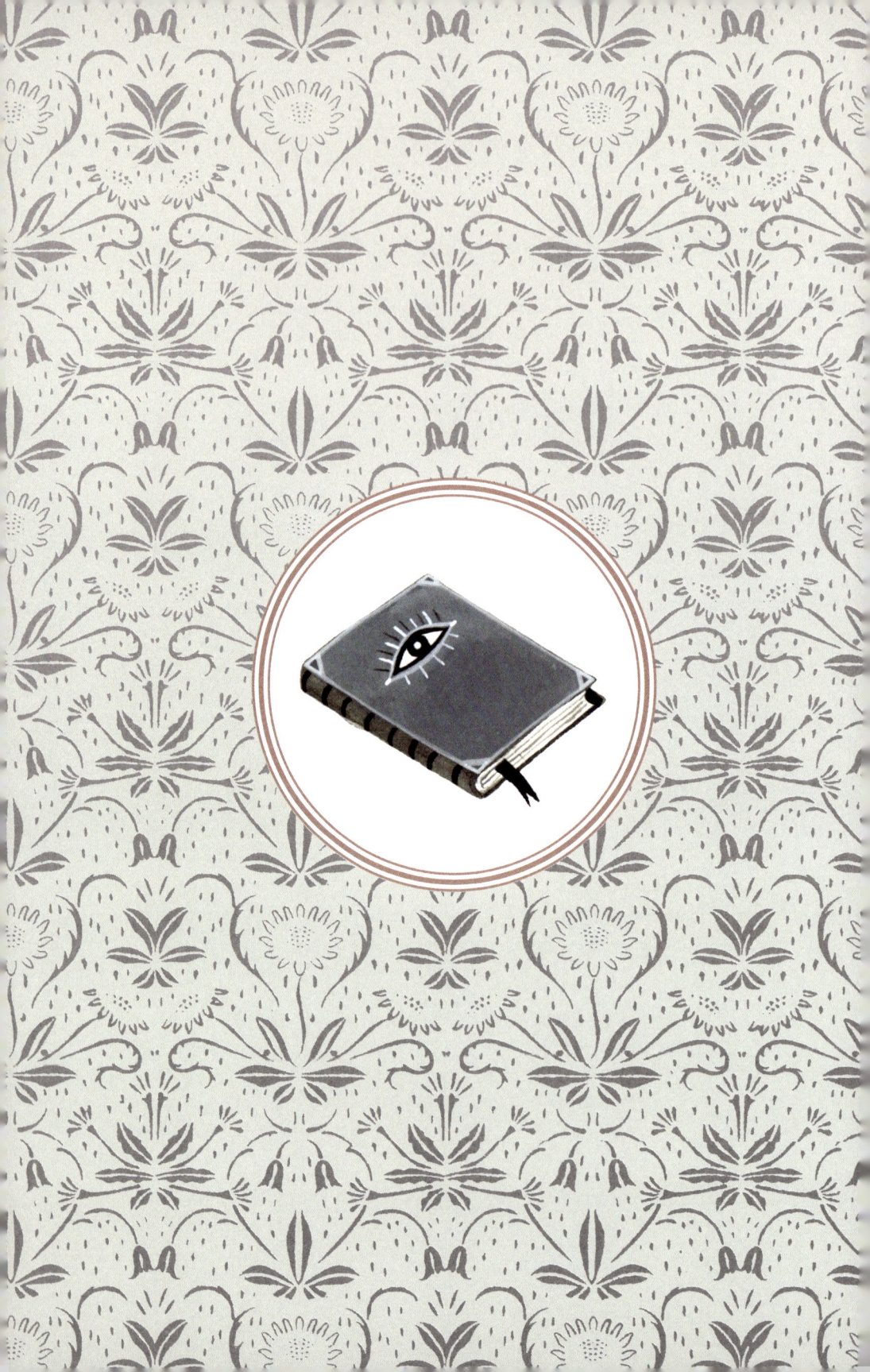

ALEJANDRA PIZARNIK

Poeta minimalista

Buenos Aires, Argentina
1936–1972

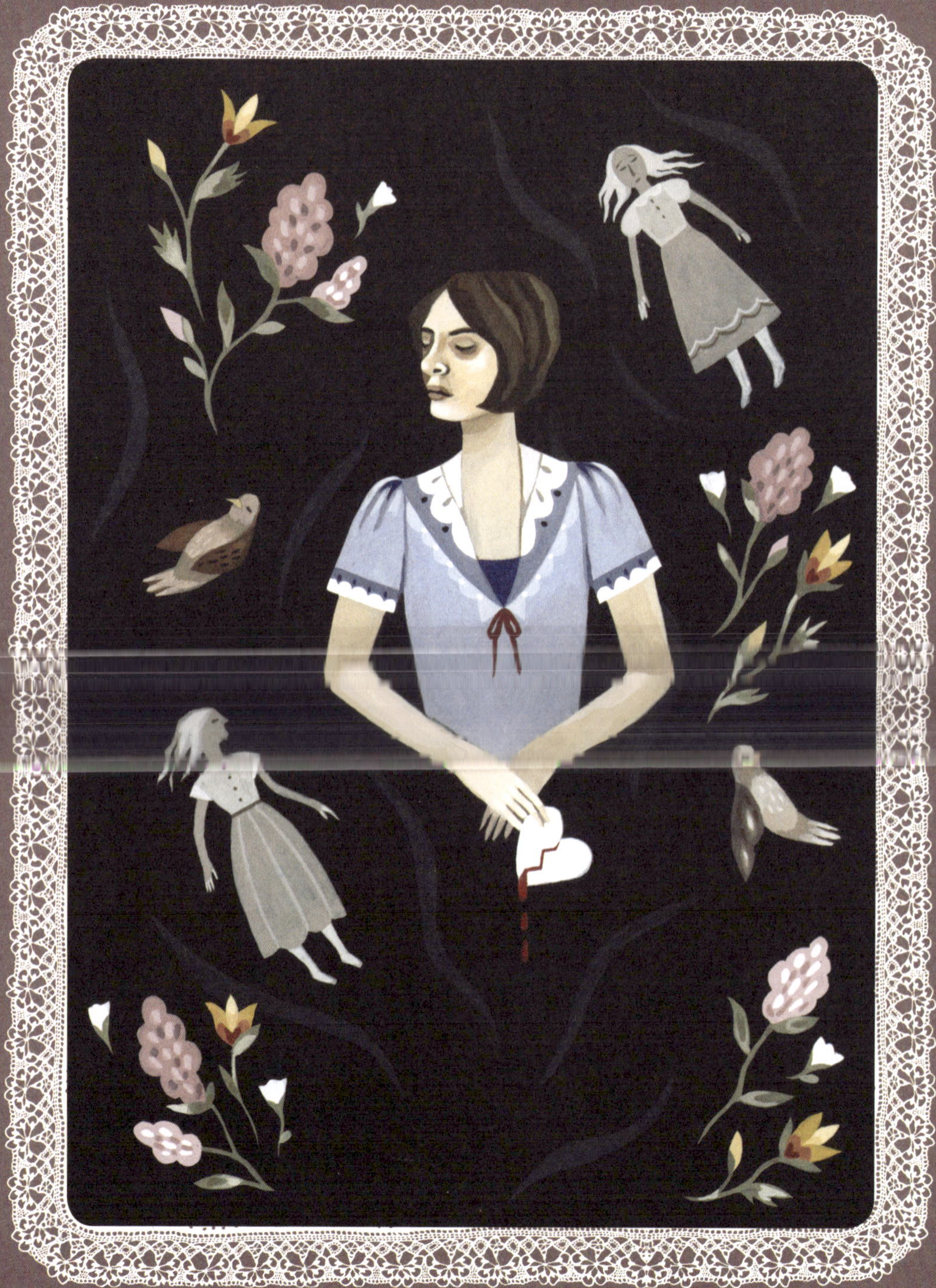

FANTASMA DO SILÊNCIO,
da morte e dos lilases

UM PÁSSARO de ossos azuis deixa cair um pedaço de papel em sua mão. O papel se desdobra em um palácio. Você entra pela porta. Um vento frio sopra pelo corredor e uma música distante chega aos seus ouvidos. Cada acorde emite uma nota diferente de silêncio. Você continua.

NO FINAL do corredor, há uma mulher de papel tocando uma harpa de papel. Os olhos de Alejandra são círculos vagamente desenhados, não há nada neles. Ela parece tão solitária enquanto dedilha as cordas. A música fica vazia. Você percebe que, se não for embora agora, também vai se transformar em uma boneca de papel.

VOCÊ FOGE pela porta de papel. Mas há algo em sua mão. É o pássaro, com os ossos azuis transformados em papel, cantando a canção de Alejandra. Você está amaldiçoado a ouvi-la para sempre. Você cede e engole o pássaro inteiro. De vez em quando, aquela canção lilás da ausência reverbera em suas próprias costelas.

Nascida de pais judeus russos na Argentina, Alejandra Pizarnik foi educada em espanhol e iídiche, mas escreveu em espanhol. Sua poesia de pureza imagética e influência surrealista evoca repetidamente temas de silêncio, ausência, loucura e morte. Sua própria luta contra a depressão levou a uma overdose intencional de Seconal aos trinta e seis anos. Já idolatrada por escritores de língua espanhola, seu gênio merece um público leitor global.

LEITURA RECOMENDADA
Comece aqui: "Sua Voz", "Festa," "O Sonho da Morte, ou o Local dos Corpos Poéticos"
Seleção dos melhores trabalhos: Extracting the Stone of Madness: Poems 1962-1972,[1] *trad. Yvette Siegert*
Volume curto: A Musical Hell, *trad. Yvette Siegert*

---

1 Edição em inglês. No Brasil, há dois títulos publicados, *Árvore de Diana* e *Os Trabalhos e as Noites* (2018).

MIRABAI

Poeta do amor devocional e místico

▼

Kudki, Índia
1450?–1547?

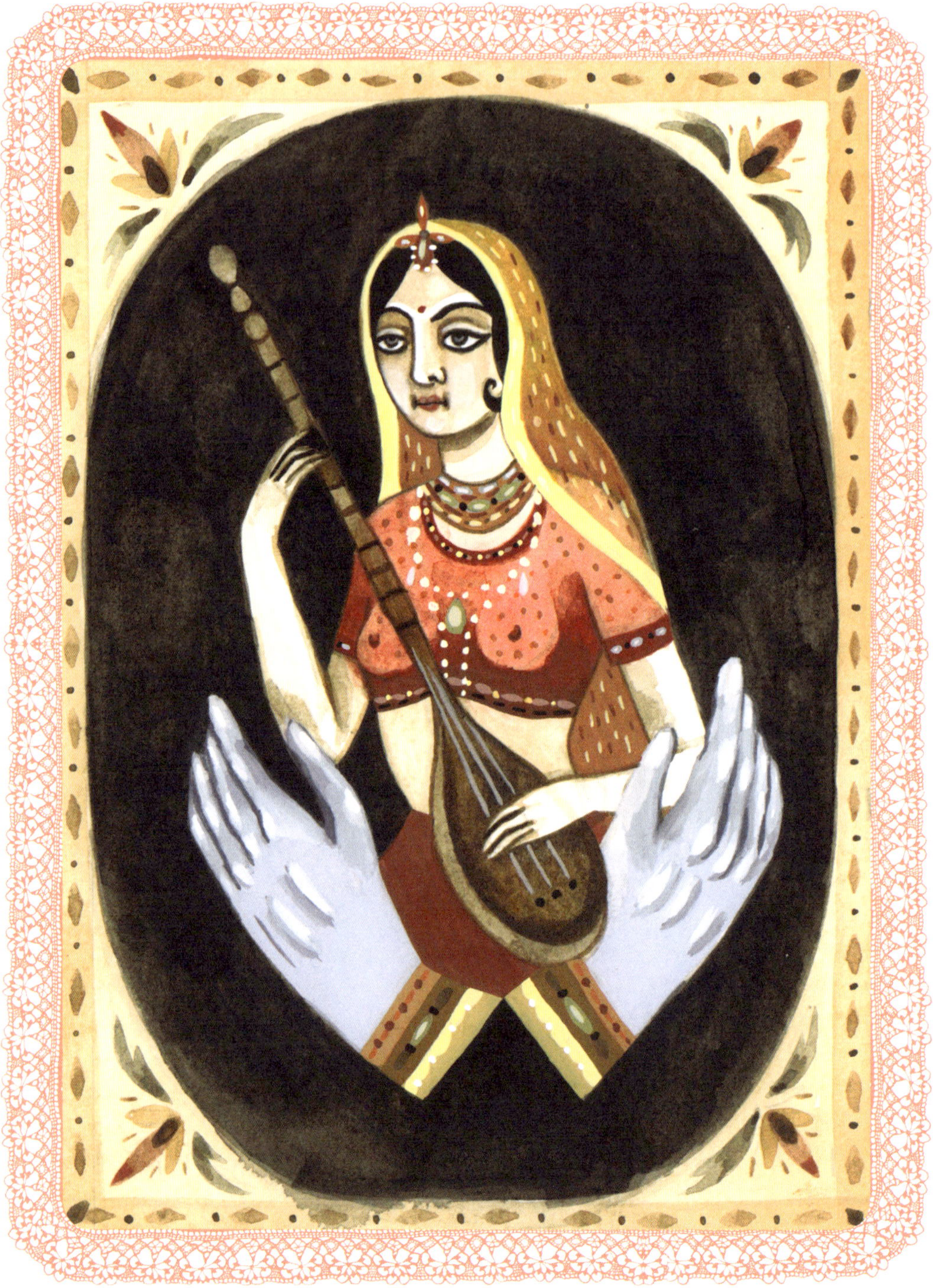

DAKINI DO ÊXTASE SAGRADO,
do ser das sombras e dos guizos de tornozelo

MIRA CORTA SEUS cabelos para Krishna. Mais tarde, pode senti-lo trançar os fios descartados de volta com intensa ternura. Seu couro cabeludo queima com o toque dele.

POÇAS LEMBRAM OS guizos dos tornozelos de Mira enquanto ela vagueia pelas montanhas à noite, procurando por seu amante. Elas tocam a música da saudade que eles sentem um do outro até de manhã. Ao raiar do dia, as montanhas estão apaixonadas.

O VENENO FICA envergonhado na presença de Mira. Ele ruboriza e se torna um elixir sagrado, prometendo fundir Mira com seu Ser das Sombras. Mira bebe a garrafa até o fim.

Em vez de cuidar de seus deveres reais e de esposa, a princesa Mirabai escreveu poesia devocional intensa e erótica ao deus Krishna, a quem ela considerava seu amante. Os sogros de Mirabai odiavam seus métodos não convencionais e ela milagrosamente escapou de suas tentativas de envenenamento duas vezes. Quando os sogros tentaram trazê-la de volta para a família, ela passou a noite em um templo de Krishna e desapareceu para sempre. Diz a lenda que Mirabai se fundiu com a imagem de Krishna naquela noite — ou continuou em sua peregrinação espiritual disfarçada.

LEITURA RECOMENDADA
Melhor tradução: Mirabai: Ecstatic Poems,[1] trad. Robert Bly e Jane Hirshfield
Poemas de amor: "Mira Is Mad with Love", "In All My Lives", "The Door"[2]
Poemas rebeldes: "All I Was Doing Was Breathing",
"To My Brother-in-Law Rana"[3]

---

1   Edição em inglês.
2   "Mira está Louca de Amor", "Em Todas as Minhas Vidas", "A Porta".
3   "Tudo que Eu Estava Fazendo Era Respirar", "Para Meu Cunhado Rana".

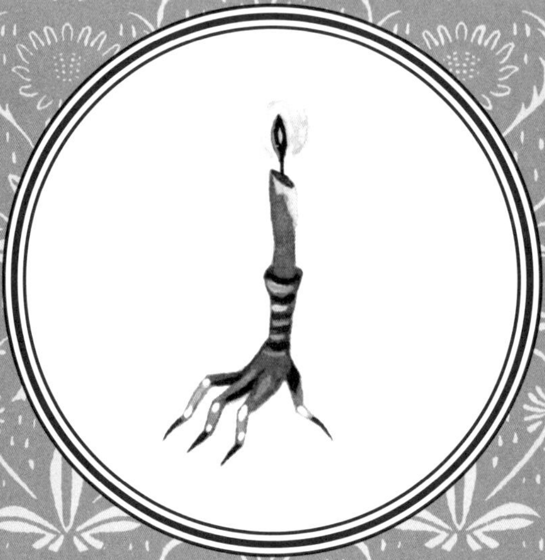

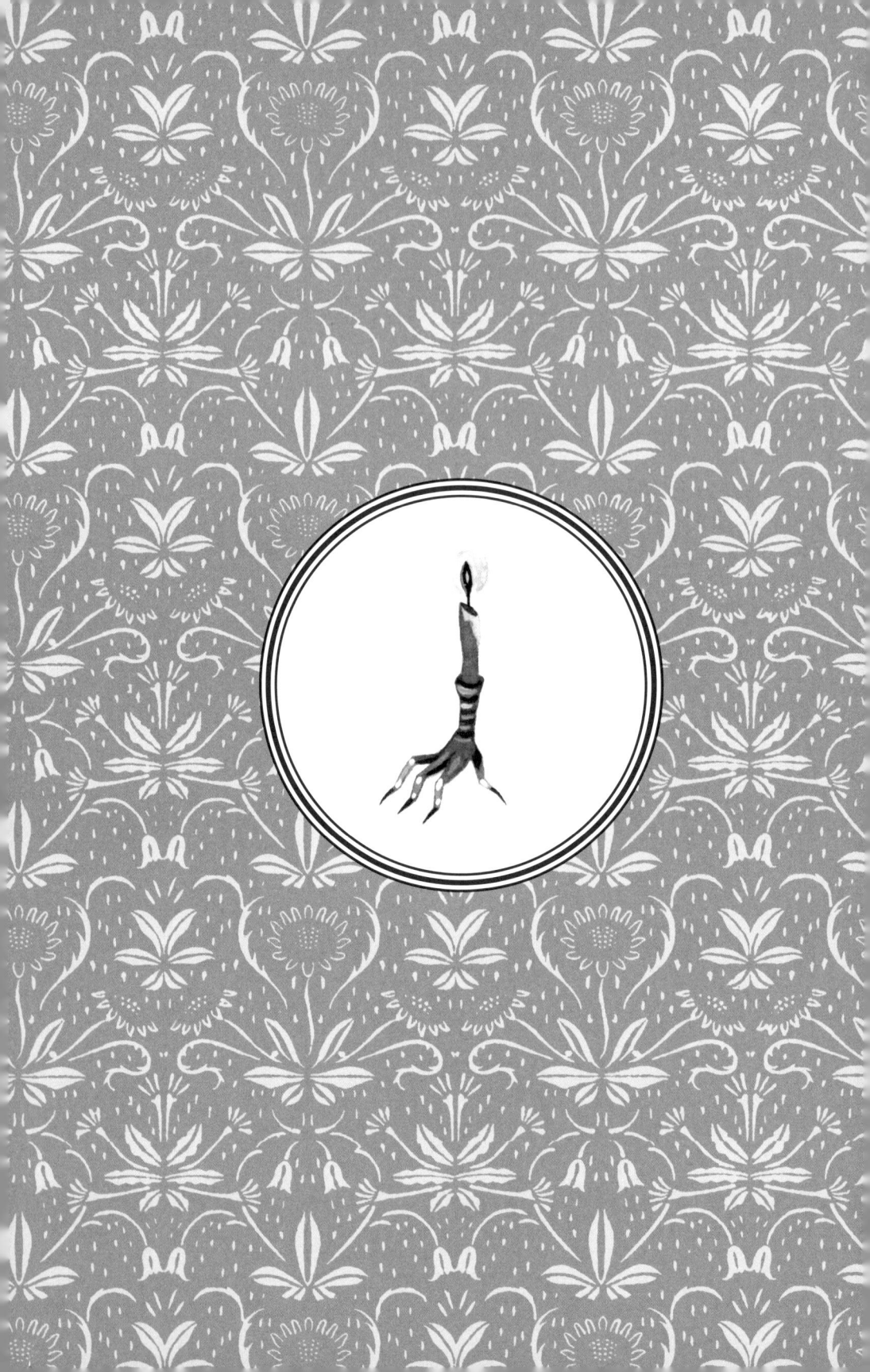

ANAÏS NIN

Autora vanguardista

Neuilly-sur-Seine, França
1903–1977

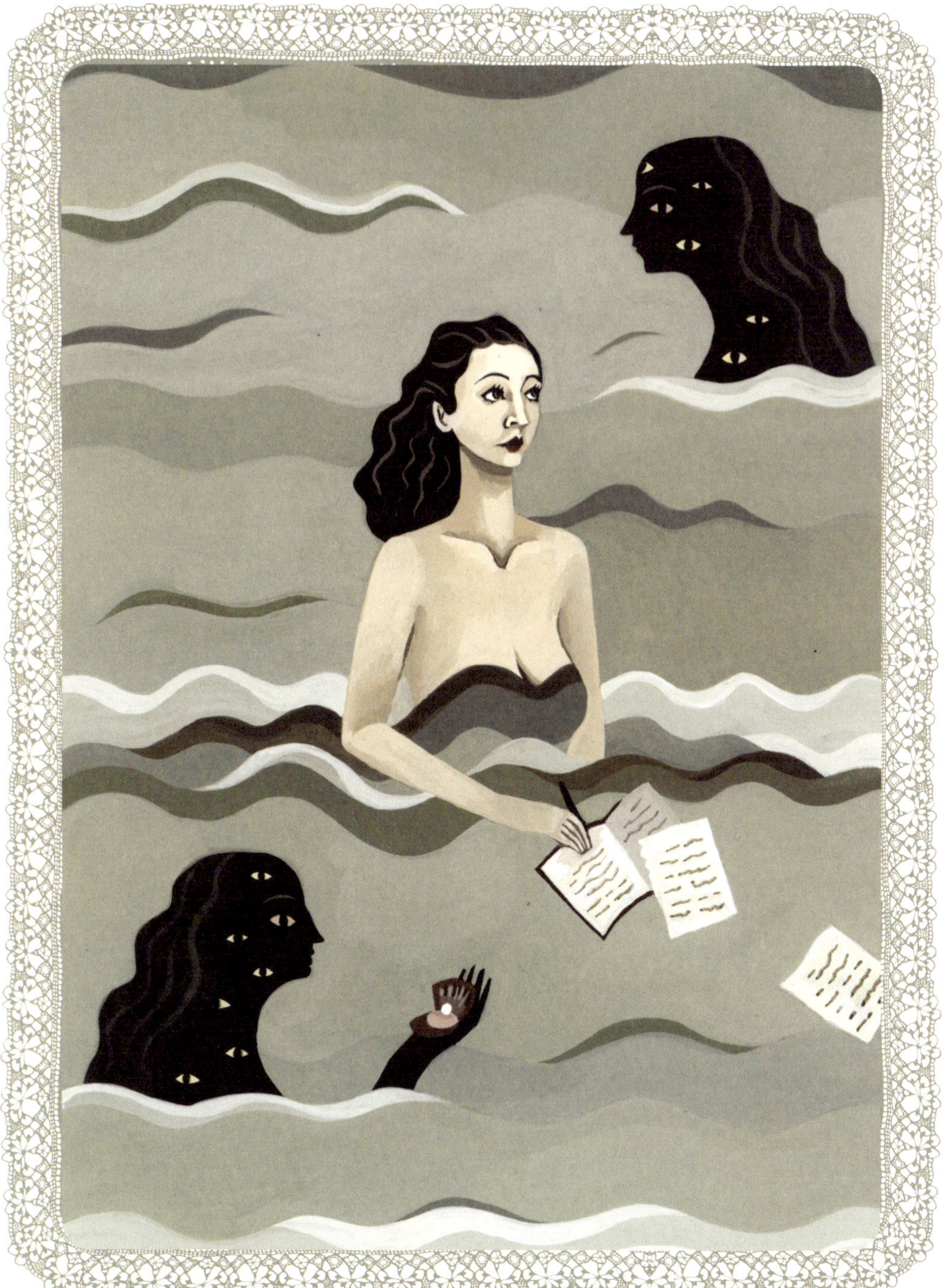

ONDINA DA INTROSPECÇÃO,
dos sonhos opulentos e das viagens

ANAÏS ADORMECE em seu navio de vidro afundado. Enquanto ela sonha, seus muitos eus emergem de seu corpo. Eles têm cabelos escuros soltos e olhos piscam lentamente em todos os seus rostos, peitos e braços. Alguns coletam conchas, outros registram o movimento do sol. Alguns cuidam da casa, fazem rendas, perseguem amantes. Outro opera uma gráfica. Antes do amanhecer, os eus se reúnem em torno da Anaïs adormecida, beijam as pálpebras e as bocas uns dos outros e mergulham de volta no corpo único como sereias que são.

UMA DESSAS SEREIAS vai para a Cidade dos Pais e nunca mais volta. Nessa cidade, estátuas de pais estão em todas as praças, e pais-sombras deslizam em cada esquina. A sereia adora a estátua do pai de Anaïs. Ela limpa as algas de suas lapelas, afugenta os peixes que mordiscam seus dedos de mármore e encara os olhos de pedra vazios.

ANAÏS ESCREVE um diário sobre as ondas. O diário se espatifa nas rochas, mancha a lua, molha os sapatos dos transeuntes no cais com parágrafos de aflição e experiência. A tinta da consciência escorre pelos rostos das sereias.

Filha de pais cubanos, Anaïs Nin — sensível, magnética, elegante — foi criada na Europa e em Nova York. Já adulta, forjou em Paris uma nova literatura fluida de consciência feminina. Sua escrita erótica ganhou ampla projeção, mas sua arte principal está em obras menos sensacionalistas. A ficção de Nin e sua obra-prima, o diário de toda uma vida, exploram o *self* fragmentado, os sentimentos complicados que nutria pelo pai, psicanálise, amor e aventuras de todos os tipos.

LEITURA RECOMENDADA
Romances hipnóticos: A Casa do Incesto; Cities of the Interior[1]
Histórias inebriantes: Sob uma Redoma de Vidro
A maior conquista: O Diário de Anaïs Nin *em sete volumes*

---

1 As Cidades do Interior.

GERTRUDE STEIN

*Expatriada norte-americana
e inovadora modernista*

Allegheny, EUA
1874–1946

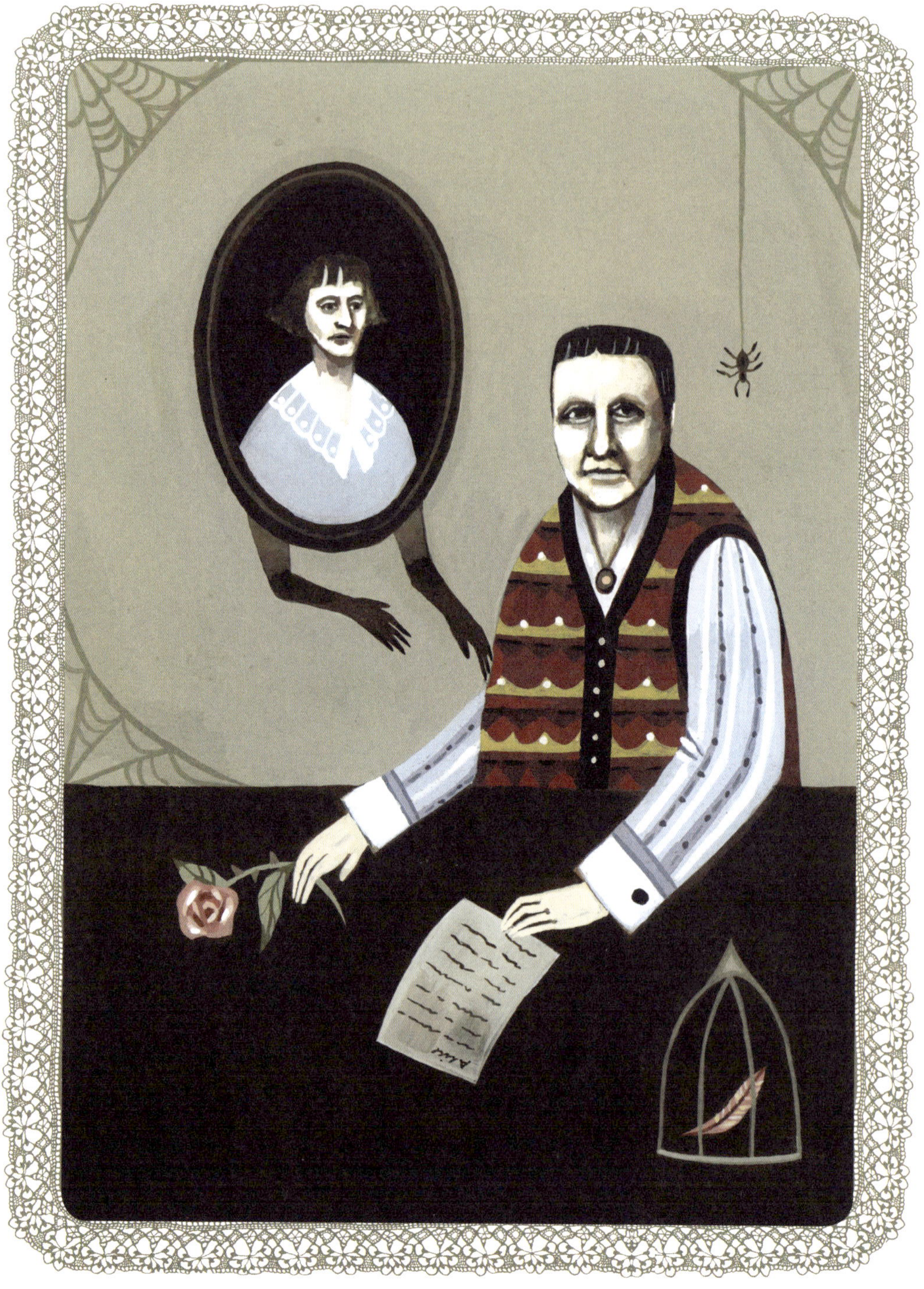

MADAME DAS ROSAS,
da geometria e da repetição

GERTRUDE É uma aranha tecendo uma teia de casa de espelhos. As moscas se prendem ao olhar para seus reflexos distorcidos, que se repetem, repetem, repetem.

PARA GERTRUDE, cada palavra é um porco-espinho em uma gaiola de metal. Gertrude bate nas gaiolas com um bastão; o barulho é ensurdecedor. Os ouriços criam penas, reduzem-se a vermes, encolhem-se em forma de libélulas — qualquer coisa para escapar. Só então Gertrude fica satisfeita.

VOCÊ ainda pode vislumbrar Gertrude em miniatura, vivendo nas pinturas de seu salão. Lá está ela, de mãos dadas com Alice B., mancando até alcançar a sombra de uma maçã de Cézanne. Esquiando pelo quadril curvilíneo de um nu de Matisse, gritando com alegria estridente.

O salão de Paris de Gertrude Stein recebeu uma coleção impressionante de arte moderna e visitantes famosos (Picasso, Hemingway, F. Scott Fitzgerald e por aí vai). Influenciada pelos pintores radicais que apoiou, Stein decidiu inaugurar o cubismo na escrita. Ela despiu seus poemas de narrativa e lógica, experimentando, em vez disso, com relações e processos espaciais. Compartilhou a vida com sua parceira romântica e secretária, Alice B. Toklas.

LEITURA RECOMENDADA
Mais acessível: A Autobiografia de Alice B. Toklas
Poemas cubistas famosos: Tenros Botões
Histórias centradas na mulher: Três Vidas

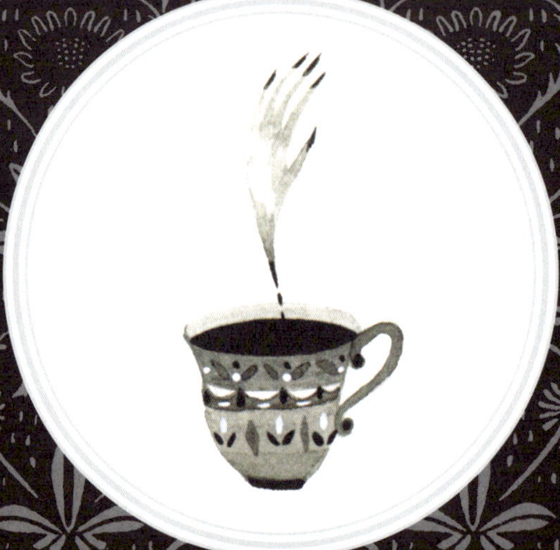

YUMIKO KURAHASHI

Surrealista japonesa

1935–2005

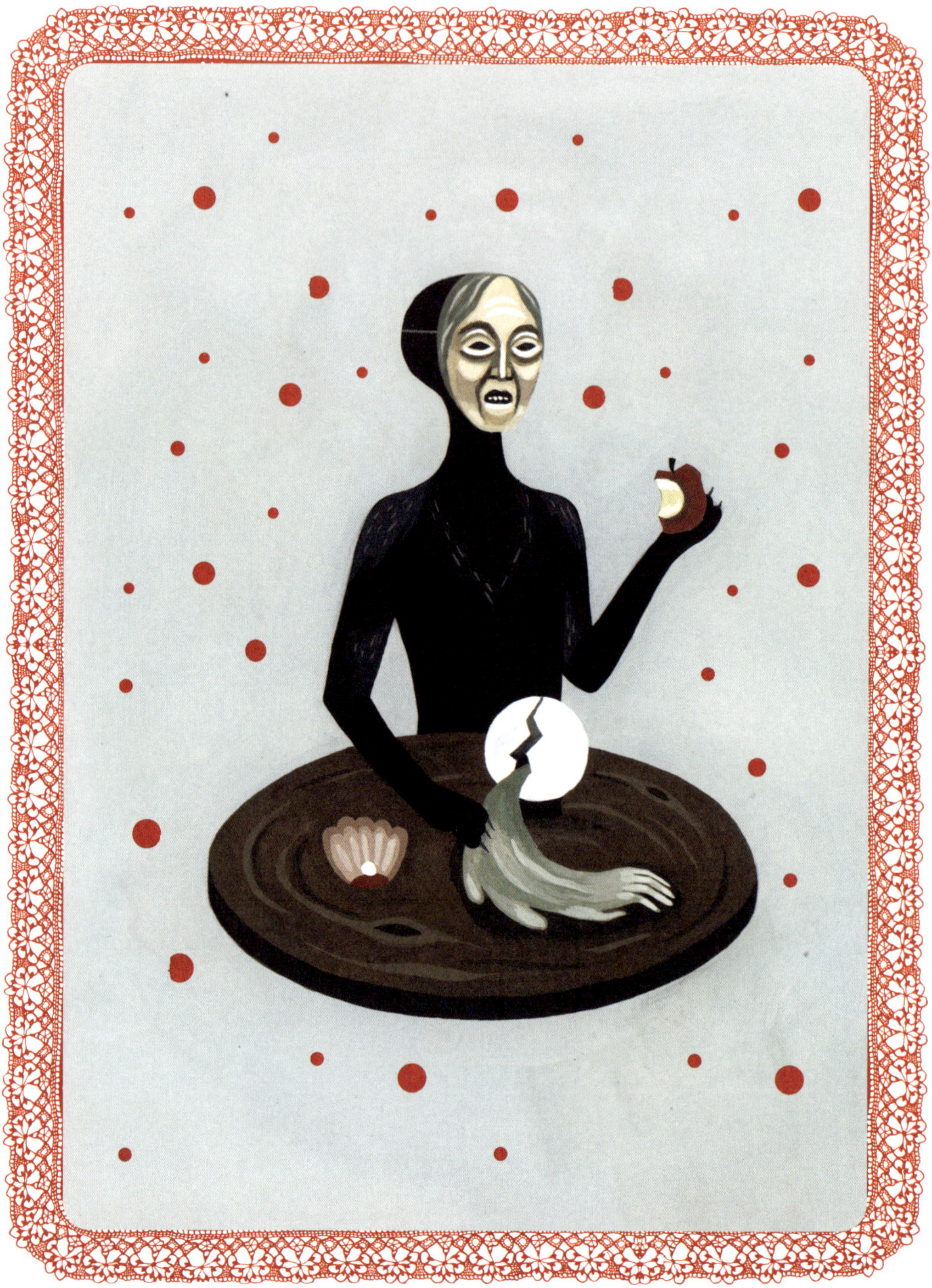

SIBILA DAS MÁSCARAS,
dos ovos extraterrestres e das fantasias distorcidas

PERTURBADA por seus sonhos, você visita Yumiko para uma leitura psíquica. Ela segura uma bola de cristal enquanto você descreve suas visões. "Aqui", diz ela, segurando a bola sobre a cabeça, "está seu subconsciente." Ela quebra a bola de cristal no chão. Você se engasga com os vapores pungentes.

QUANDO O AR clareia, Yumiko se foi. O que resta — cacos de vidro e uma substância escura e pegajosa. O material, preto como tinta, transforma-se em três gatas sexy e uma alienígena. Elas começam a se acariciar. As criaturas enlouquecidas caminham na sua direção, dão-lhe as patas e também o mancham com tinta...

VOCÊ vai à mesa do médium. O quarto está limpo, e a bola de cristal, intacta. Você percebe seu reflexo na sala: você é igualzinha à Yumiko! Seus dentinhos sorriem de volta. Sua cauda preta balança com um prazer que pode ou não ser seu.

Yumiko Kurahashi, uma durona da ficção experimental da província de Kochi, é quase desconhecida. Com influências de Kafka e literatura francesa, as histórias bizarras de Kurahashi têm fantasmas, cabeças voadoras, máscaras de bruxa, incesto e bestialidade. A obra dela lhe dará muitos sustos — e despertará provocações instigantes com sua lógica de conto de fadas e sua sensibilidade filosófica.

LEITURA RECOMENDADA
Contos perturbadores: The Woman with the Flying Head and Other Stories, *trad. Atsuko Sakaki*
Sátira política difícil de encontrar: The Adventures of Sumiyakist Q, *trad. Dennis Keene*
Lista de sonhos para tradução: Cruel Fairy Tales for Adults; Cruel Fairy Tales for Old Folks[1]
Traduzido por Yumiko para o japonês: A Parte que Falta, *de Shel Silverstein, e* O Pequeno Príncipe, *de Antoine de Saint-Exupéry*

---

1   *Contos de Fadas Cruéis para Adultos; Contos de Fadas Cruéis para Velhos*

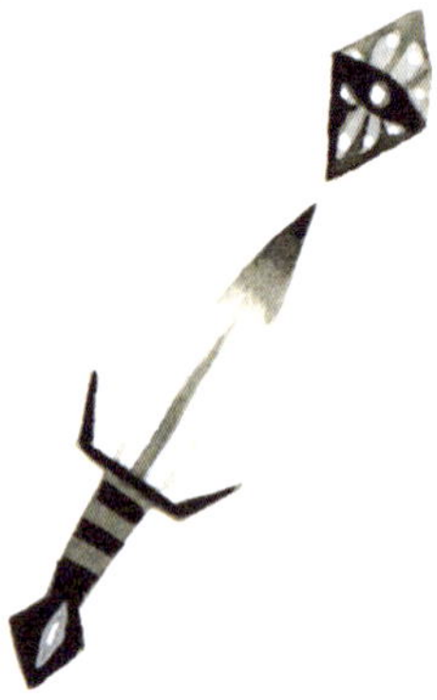

AGATHA CHRISTIE

Romancista de best-sellers policiais

Torquay, Inglaterra
1890–1976

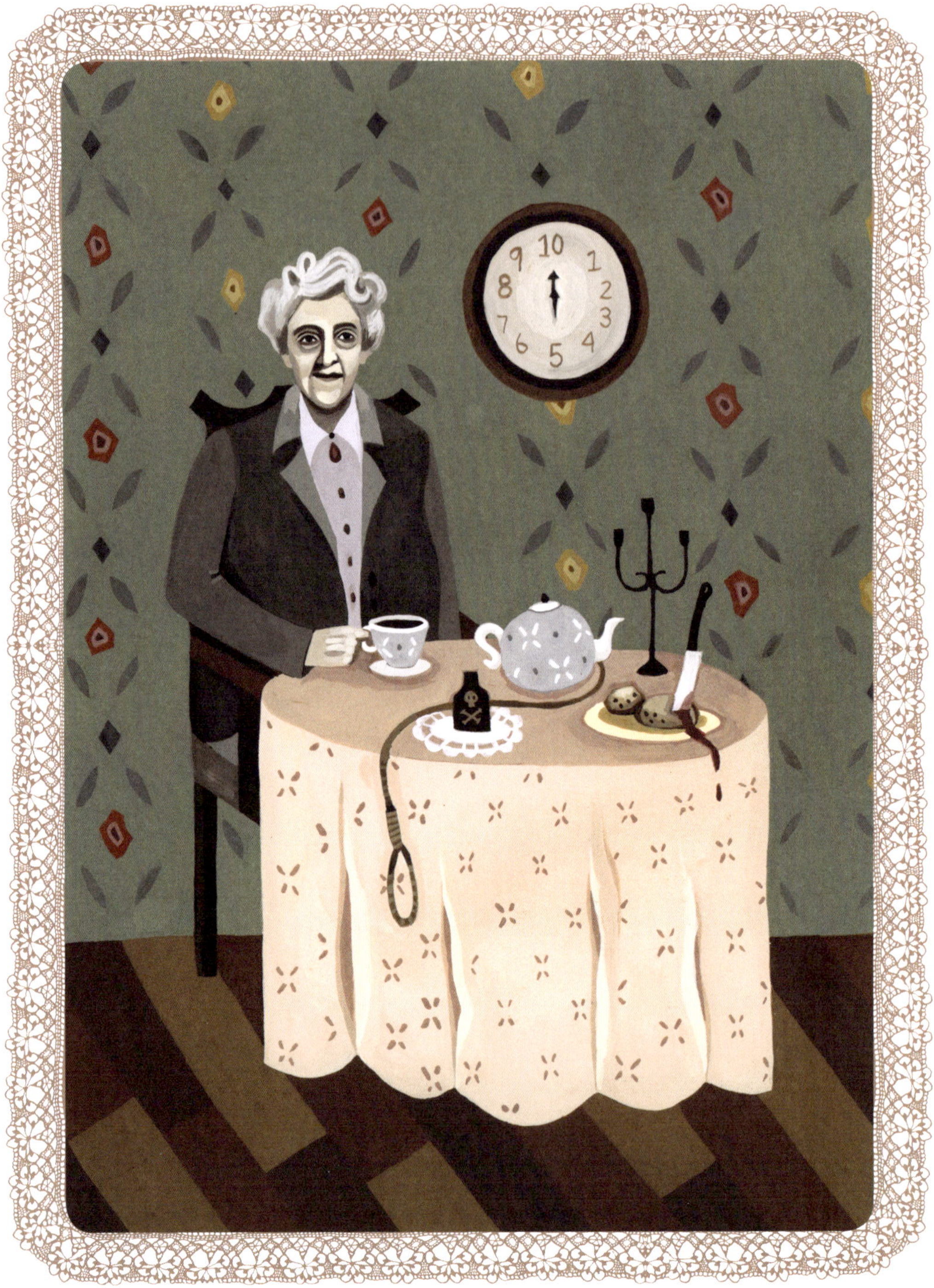
9 10 1 2 3 4 5 6 7 8

GRANDE DAMA DA TRAPAÇA,
do assassinato e da hora do chá

AGATHA CONVIDA você para o chá da tarde no labirinto de seu jardim. Quando você chega lá, o mordomo está morto perto da mesa. "Que desagradável", diz Agatha, mordendo um bolinho. "Você deve me ajudar a resolver o caso antes que a polícia chegue. Imagine as manchetes: *Autora de mistério intrigada com assassinato no próprio gramado*. E eu realmente não faço ideia do que aconteceu." Ela balança a cabeça, e um grito abafado escapa de algum lugar do labirinto.

"OH, CÉUS", exclama Agatha. "Você vai averiguar o que está acontecendo, não vai?" Conforme você entra no labirinto, as paredes mudam — cercas vivas surgem do nada, bloqueando seu caminho, e os arbustos se transformam em novas formações. Sua cabeça gira. Você vê uma garrafa brilhando na grama. Você a pega: o rótulo diz VENENO. Há um estrondo e, para sua grande surpresa, um pequeno trem de vidro irrompe através dos cercados.

AGATHA SE INCLINA para fora do vagão-restaurante, bebericando uma xícara de chá. "Meu Deus, vejo que você deixou impressões digitais em toda a evidência!" Ela solta um muxoxo. "Bem, você foi de grande ajuda. Esse mordomo era um chato. A polícia estará aqui em breve. Adeus!" Agatha arremessa um biscoito de damasco, à guisa de consolação. O trem dá uma volta repentina em direção ao céu, soltando fumaça entre as nuvens.

Os quase setenta romances policiais de Agatha Christie fizeram dela a romancista mais popular de toda a história. Situados em uma aristocracia britânica de trens de luxo, belas propriedades e mordomos, os livros mantêm o leitor grudado em suas páginas especulando sobre assassinatos até que reviravoltas chocantes sejam reveladas.

LEITURA RECOMENDADA
Maior reviravolta: O Assassinato de Roger Ackroyd
Estrelando Detetive Famoso #1, Hercule Poirot: Assassinato no Expresso do Oriente
Estrelando Detetive Famoso #2, Miss Marple: Convite para um Homicídio

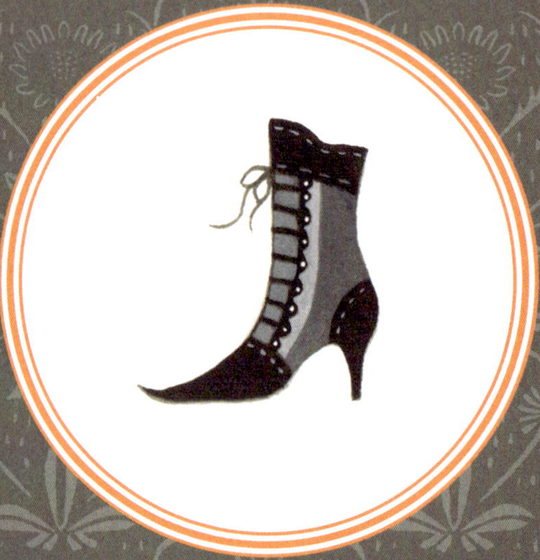

JANET FRAME
Novelista peculiar

Dunedin, Nova Zelândia

1924–2004

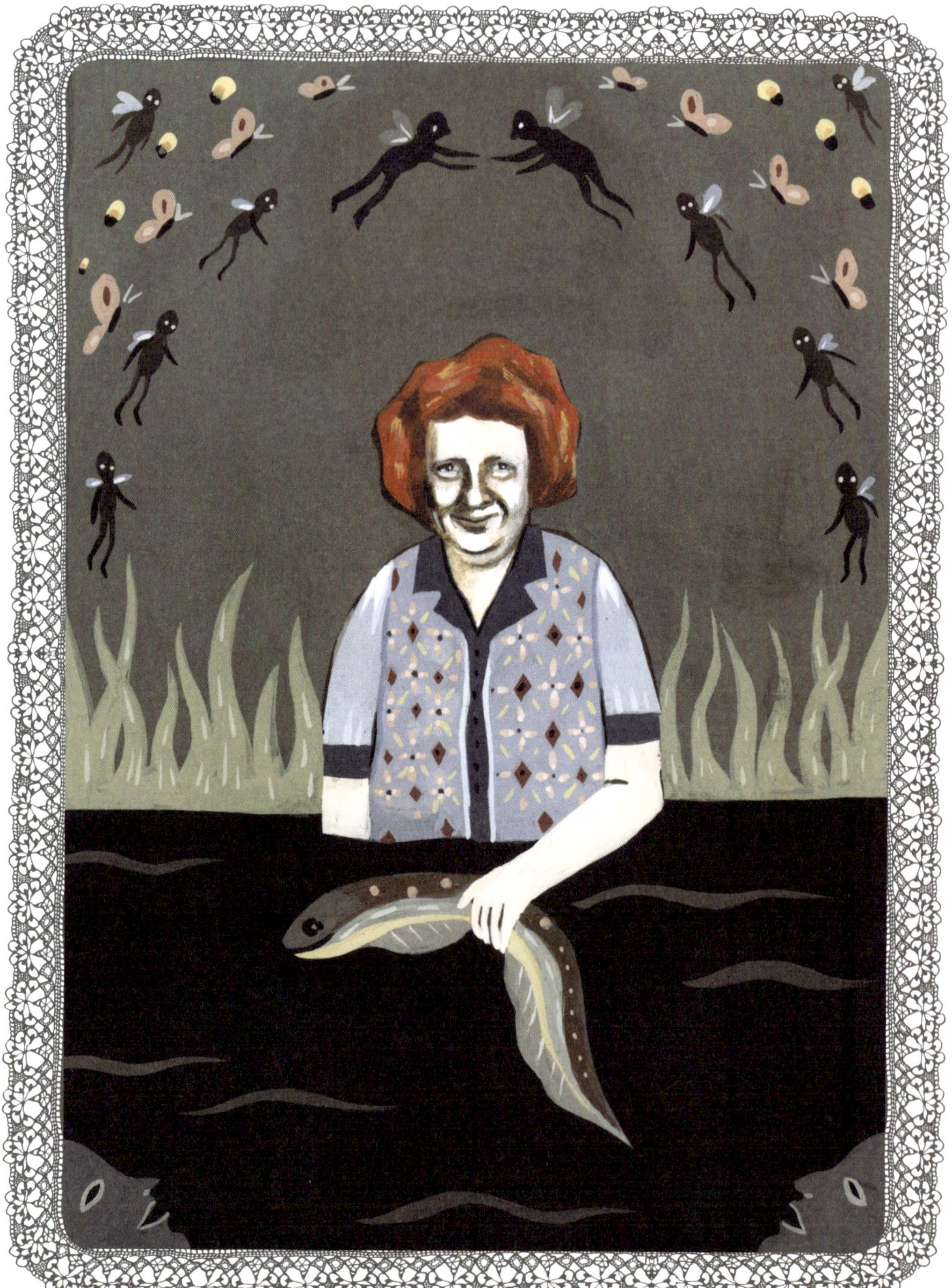

EREMITA DOS HOSPITAIS,
do pertencimento e das almas perdidas

UMA LAGOA se forma em torno de cada passo de Janet. Suas irmãs afogadas gritam da água a seus pés. Janet coloca protetores de ouvido para bloquear as vozes.

JANET MANTÉM uma enguia em uma caixa ao lado de sua máquina de escrever. Quando a enguia sacode a caixa, Janet a repreende: "Você acha que é a única que não pertence a algum lugar?". E, com maldade, ela mostra os dentes ruins. Mais tarde, arrependendo-se, Janet solta a enguia de volta nas águas nativas. Pelo menos algumas criaturas podem encontrar um lar.

EM NOITES ESPECIAIS, Janet apaga as luzes e fica muito quieta até que seus cabelos ruivos incendeiem com um fogo brilhante. Em seguida, as fadas se reúnem em torno da chama e se acomodam nos cachos de Janet. Elas os afagam com ternura, beliscando migalhas e insetos, e Janet irradia com rara felicidade.

Janet Frame nasceu em uma família grande e pobre em uma fazenda na Nova Zelândia. Seu irmão tinha epilepsia e duas de suas irmãs morreram afogadas na adolescência. Diagnosticada erroneamente com esquizofrenia, passou a maior parte de seus vinte anos em enfermarias psiquiátricas, recebendo duzentos tratamentos de eletrochoque e escapando por pouco de uma lobotomia. Após ter alta, privilegiou uma vida solitária, usando protetores de ouvido em casa para bloquear o som, e escrevendo ficção autobiográfica sobre hospitalização e isolamento.

LEITURA RECOMENDADA
Histórias e ensaios adoráveis: The Lagoon and Other Stories[1]
Romance de fluxo de consciência sobre hospitalização: Owls Do Cry[2]
Autobiografia em três partes: To the Is-Land; An Angel at My Table; The Envoy from Mirror City;[3] *adaptada para um filme maravilhoso por Jane Campion,* Um Anjo em Minha Mesa

1   A Lagoa e Outros Contos.
2   As Corujas Choram.
3   Para a Ilha; Um Anjo em Minha Mesa; O Enviado de Mirror City.

MARÍA SABINA

Curandeira mazateca e poeta oral

Huautla de Jimenez, México
1894–1985

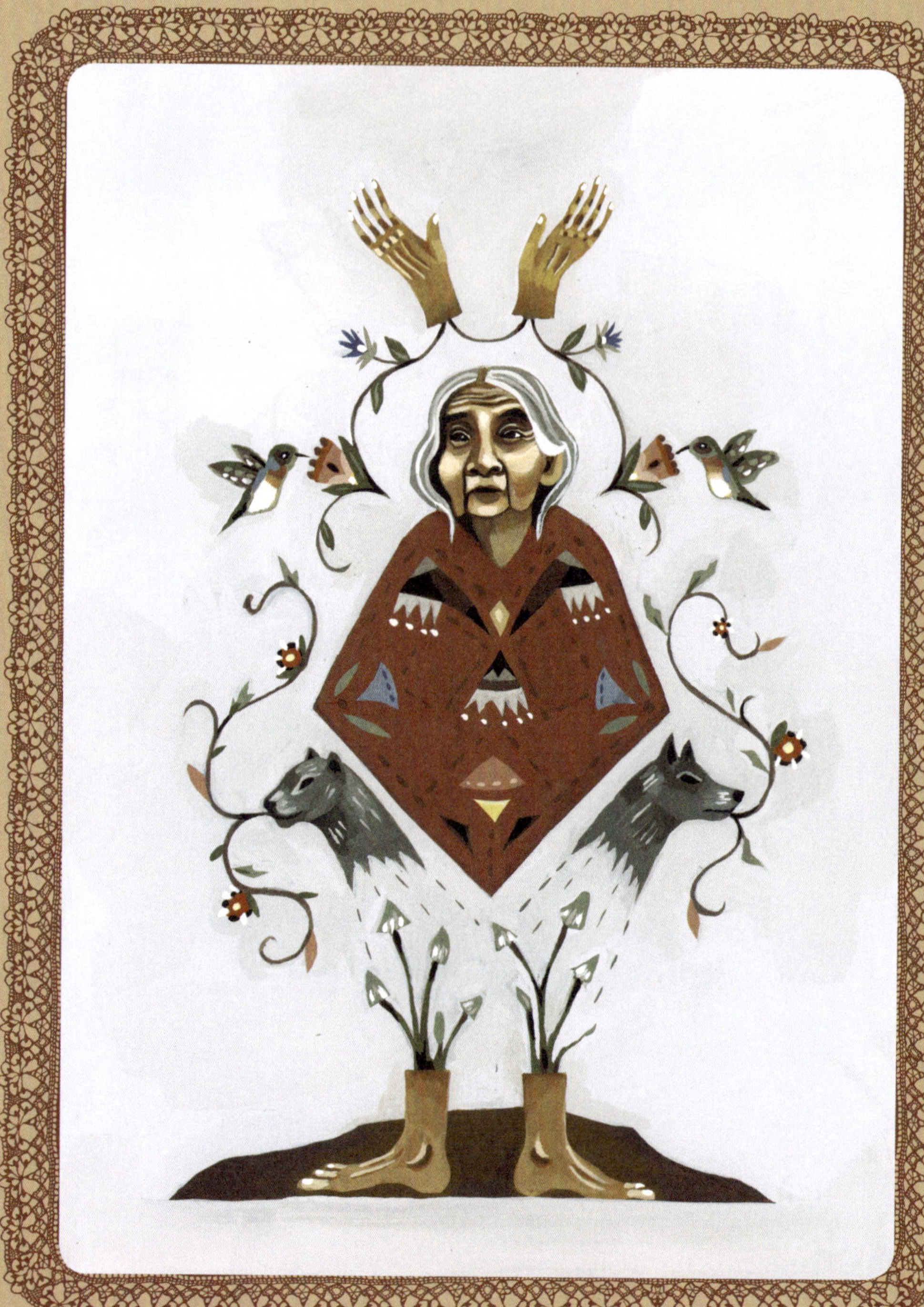

XAMÃ DO ORVALHO,
dos beija-flores e da linguagem do cogumelo

EM SUAS VIGÍLIAS noturnas, María bate palmas e canta com tanta força que as águias bordadas voam de seu *huipil* e se juntam aos deuses, às feras e ao luar que circulam pela sala.

ENQUANTO OS COGUMELOS falam através dela, os pés descalços de María fazem inscrições no grande Livro da Lama, com letras grandes o suficiente para Deus ler.

MARÍA RELAXA TODAS AS NOITES com o Senhor do Trovão na montanha. Eles compartilham cigarros e *aguardiente* e, quando está pronta para ir para casa, María se torna uma estrela e dispara pelo céu.

María Sabina, que não sabia ler nem escrever e vivia na pobreza nas montanhas do sul do México, é considerada a maior poetisa xamã ou Sábia (*chota chijne*) da língua mazateca. Ela improvisava seus cantos durante as cerimônias de cogumelos com psilocibina, realizadas para curar os doentes. Sua rica visão espiritual foi influenciada por crenças mazatecas, bem como pela fé católica.

LEITURA RECOMENDADA
História de vida, cantos e contexto: Maria Sabina: Selected Works (Poets for the Millennium), *Jerome Rothenberg (org.)*[1]

---

1   Edição em inglês.

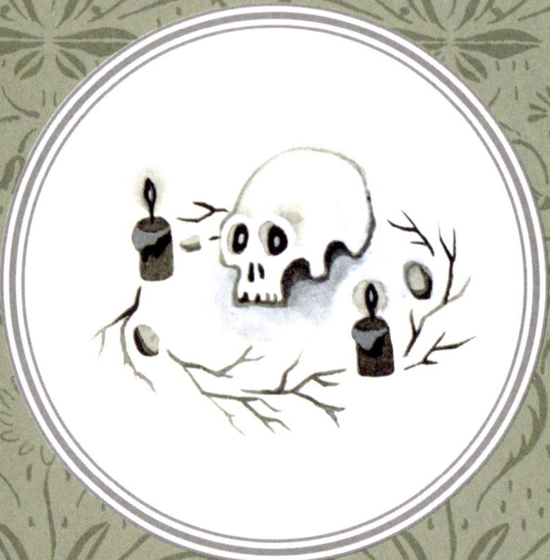

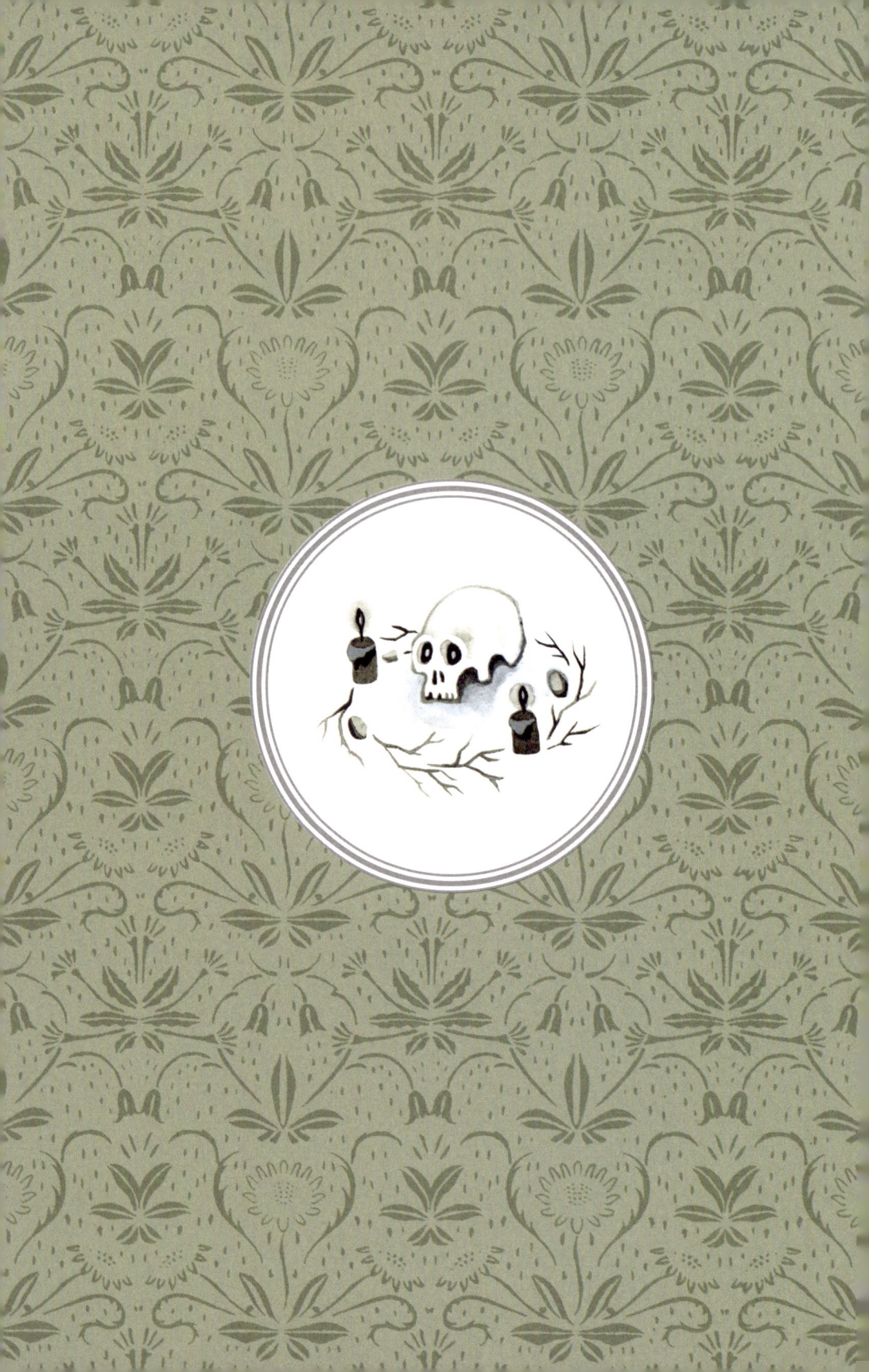

MARY SHELLEY

Autora de Frankenstein

Londres, Inglaterra

1797–1851

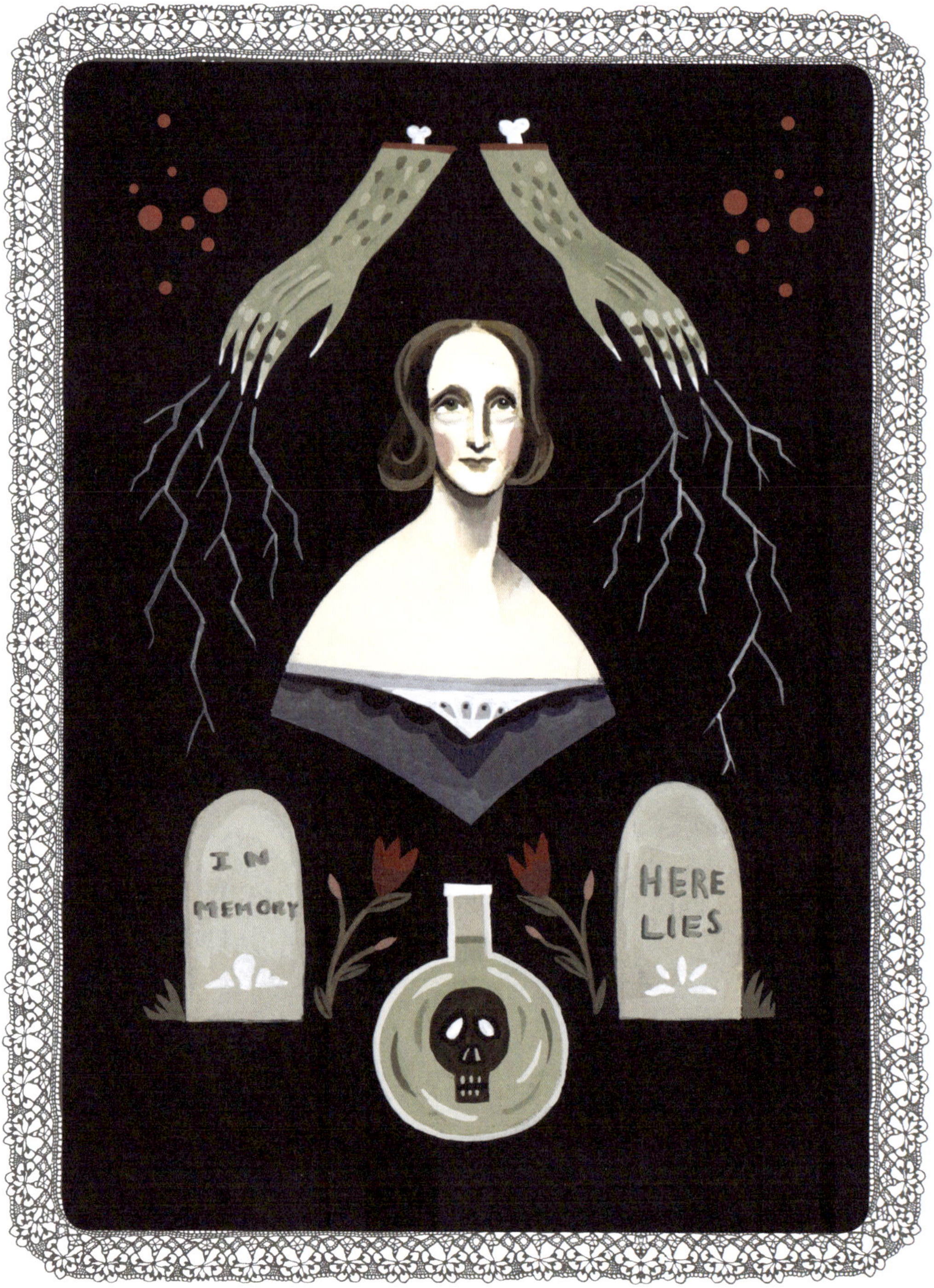
IN MEMORY
HERE LIES

ALQUIMISTA DOS MONSTROS,
das crianças, dos vivos e dos mortos

APÓS PERDER a maior parte de sua família, Mary faz experimentos com poções para trazer os mortos de volta. Ela coloca os papéis da mãe, as mechas do cabelo de seus filhos e uma minúscula maquete do barco a vela do marido em um frasco. Despeja dentro dele água do mar e botões do jardim. Sacode.

MARY É um bebê terrível, sua própria chegada é um assassinato. A Criatura de Frankenstein é um bebê terrível, um tormento para seu criador. Os bebês de Mary morrem terrivelmente jovens. Última descoberta do laboratório de Mary: até a matéria mais fresca vem misturada com podridão.

À NOITE, não importa o que ela faça, o laboratório de Mary se torna um cemitério. A lanterna se transforma em lua, os instrumentos em pás, as mesas viram caixões. Mary suspira. Ela coloca a mão na pata enorme e desajeitada da Criatura à espera e, juntos, eles caminham pelos túmulos.

Frankenstein não é a história extravagante de zumbis que vimos na cultura pop. Inspirada por discussões científicas da época e pelos sentimentos complexos de Shelley sobre a paternidade, *Frankenstein* é um livro doloroso sobre a criação da vida e o que acontece com crianças abandonadas e rejeitadas. Sua vida foi tão angustiante quanto seu famoso romance: a perda da mãe (a feminista Mary Wollstonecraft morreu logo após o nascimento de Shelley), do marido (o poeta Percy Bysshe Shelley se afogou em um acidente de barco) e dos filhos (apenas um dos quatro sobreviveram) desafiaram seus ideais de harmonia doméstica.

LEITURA RECOMENDADA
Revisite este clássico: Frankenstein ou o Prometeu Moderno[1]
Conto gótico: "O Imortal Mortal"[2]
Preciosidade negligenciada: O Último Homem

---

1   DarkSide® Books, 2017.
2   Conto incluído na edição acima.

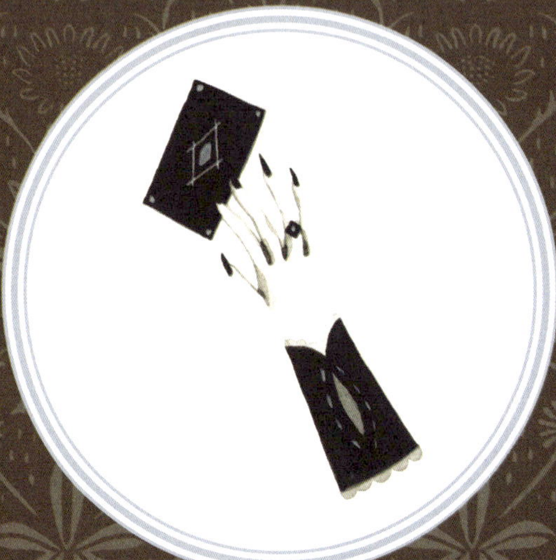

ZORA NEALE HURSTON

Estrela do renascimento do Harlem, folclorista, antropóloga

Notasulga, EUA

1891–1960

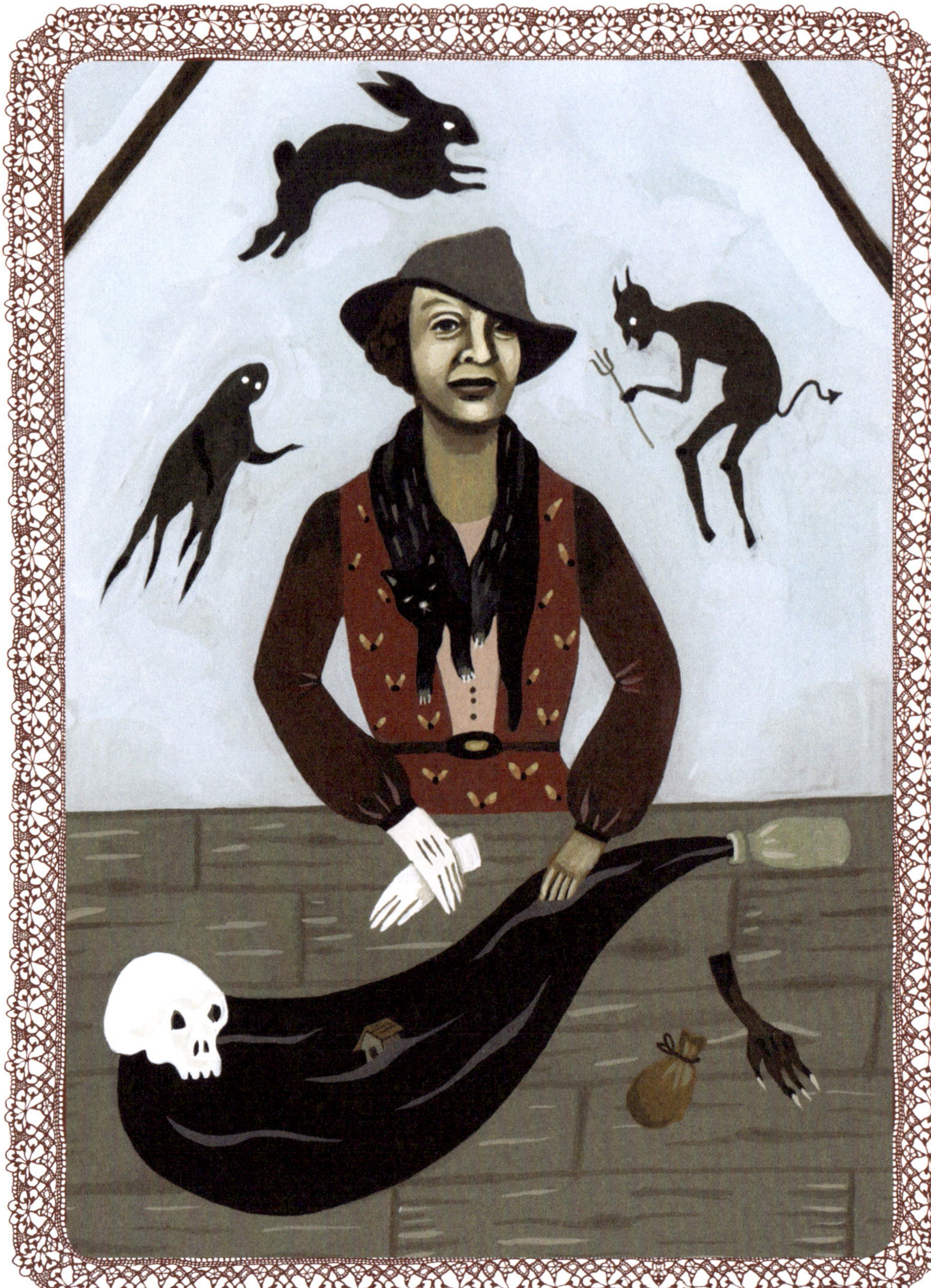

CONJURADORA DOS FURACÕES,
dos zumbis e das histórias absurdas

ZORA, AMÁVEL BRUXA velha, chega a uma casa de campo com uma cesta vazia. Quando lhe oferecem algo para comer, ela pede, em vez disso, uma história. A cada história, explica ela, minha cesta ganha uma maçã. Logo a cidade inteira está na varanda, contando histórias e rindo. A cesta de Zora está cheia de maçãs. Ela vagueia noite adentro com suas frutas pesadas e brilhantes.

ANTES DE ESCREVER, Zora entra em transe. Ela coloca uma onda em volta dos ombros como um xale. A enchente redemoinha com peixes-balão, ossos humanos, trovões e relâmpagos. Um cachorro enlouquecido se levanta da água e morde seu pescoço afetuosamente, e então sua mão desce para a página com a gravidade dos mortos-vivos.

ZORA DEDICA seus anos derradeiros para garantir que, a qualquer minuto, em algum lugar da galáxia, uma jovem suba debaixo de uma pereira e contemple a maravilha de seu corpo. E daí se Zora desistisse de escrever para criar espaço mental para seus esforços planetários? E daí se Zora for pobre, esquecida e sozinha? Resta ainda mais tempo para manipular o cosmos.

Quando não estava escrevendo uma ficção exuberante sobre mulheres negras que eram donas de si mesmas, Hurston colecionava contos populares pelo Sul e viajava para o Caribe. Lá, ela se iniciou no vodu, fervendo um gato preto vivo e passando seus ossos sobre os próprios lábios, e tirou a primeira fotografia conhecida de um zumbi. Ela caiu na obscuridade mesmo antes de sua morte (foi enterrada em uma sepultura sem nome), mas houve um grande renascimento do interesse em sua obra nas últimas décadas entre leitores, feministas e críticos, que a consideram uma das figuras centrais do Renascimento do Harlem.

LEITURA RECOMENDADA
Romance clássico: Seus Olhos Viam Deus
Folclore sulista e práticas vodu: Mules and Men; Tell My Horse[1]
Autobiografia controversa: Dust Tracks on a Road[2]

---

1 Mulas e Homens; Diga ao Meu Cavalo.
2 Trilhas de Poeira em uma Estrada.

Bruxas Literárias Brasileiras
DARKSIDE

MATERIAL EXTRA
DARKSIDE BOOKS

TEXTOS
MARCIA HELOISA & NILSEN SILVA

ILUSTRAÇÕES
GABEE BRANDÃO

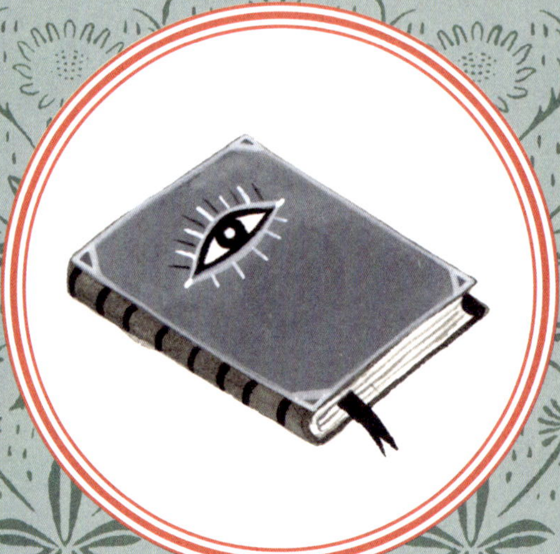

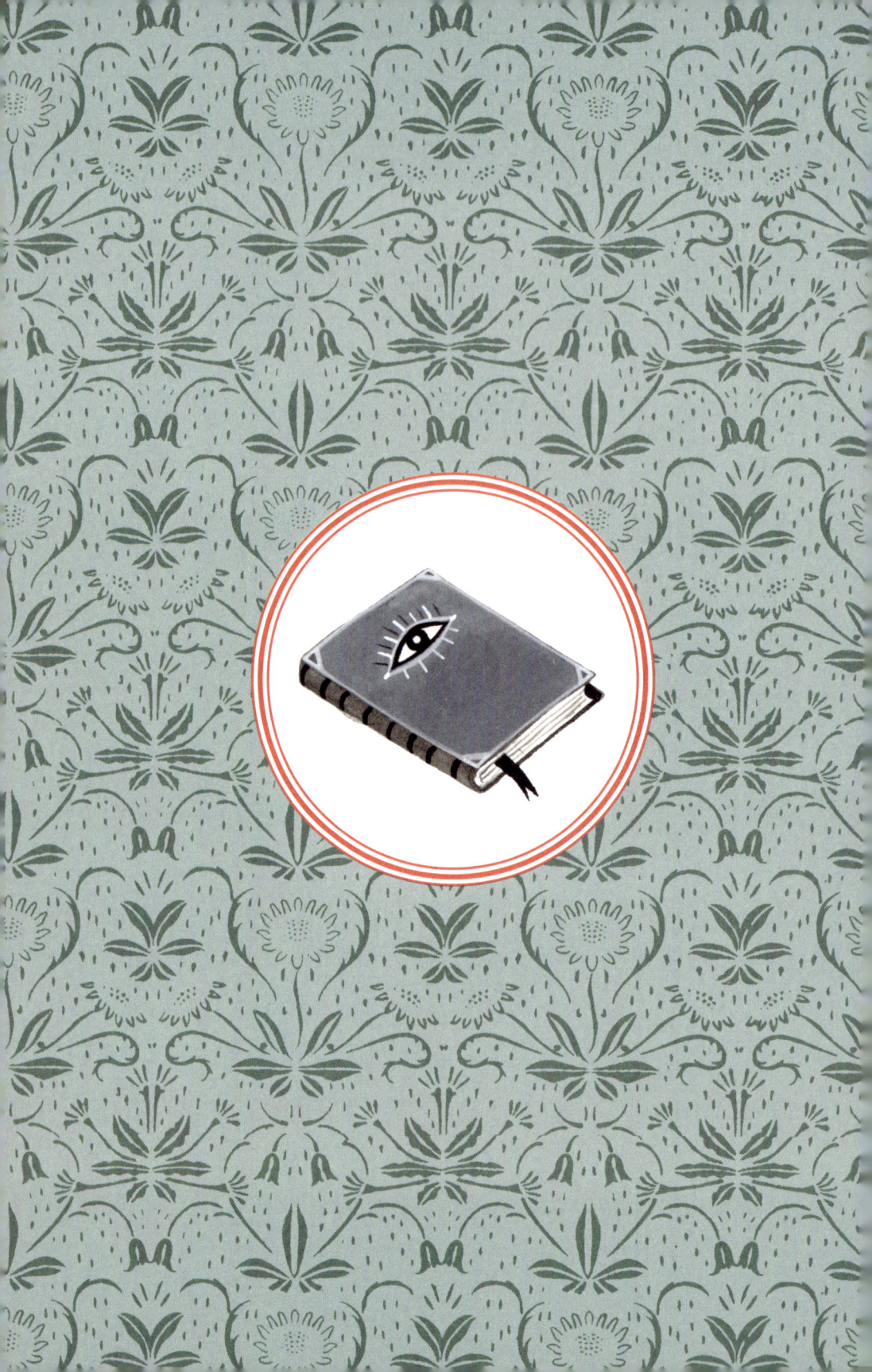

CAROLINA MARIA DE JESUS

Cronista da batalha diária

Sacramento (MG), Brasil

1914–1977

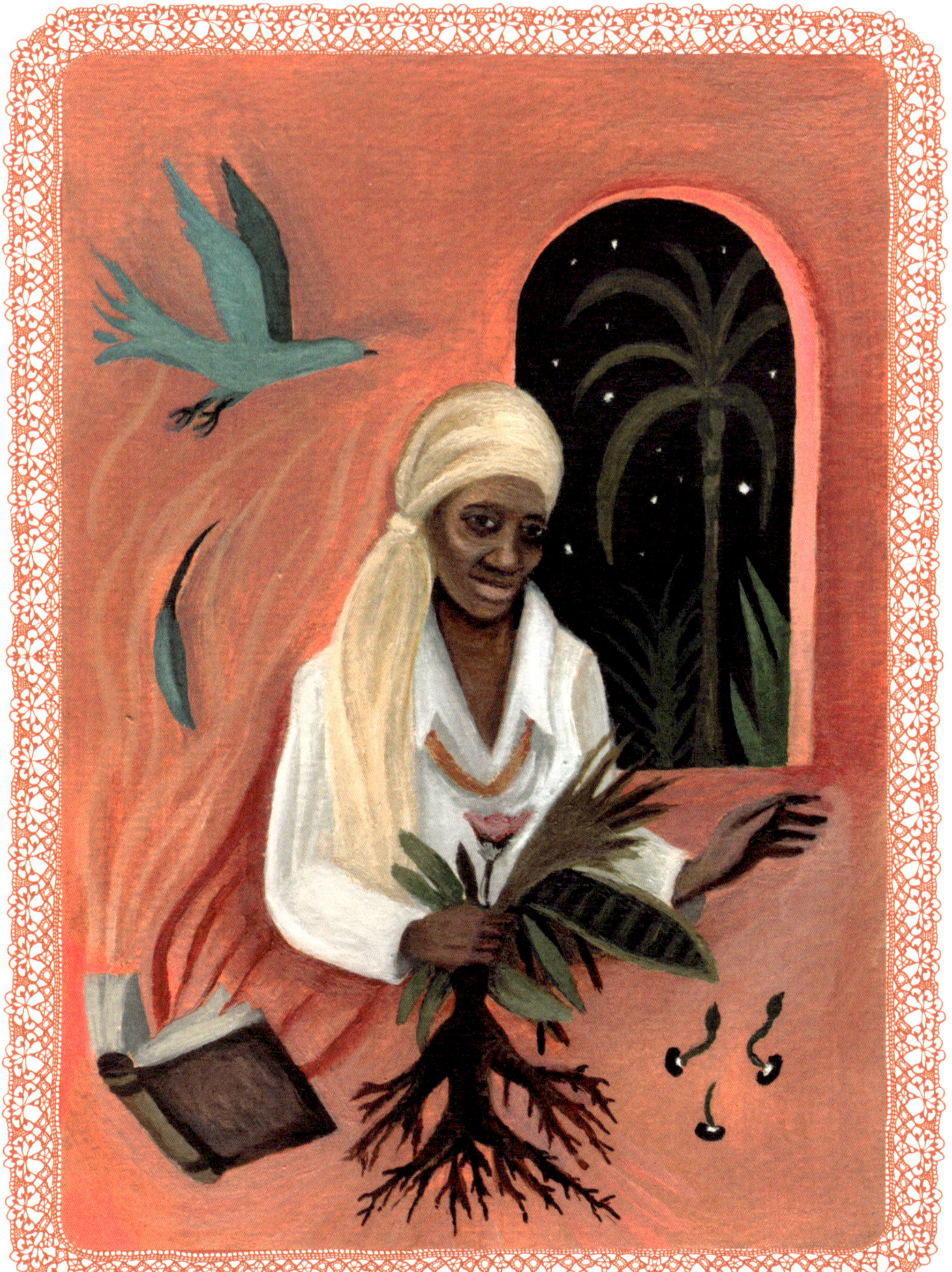

PROFETISA DOS DIÁRIOS,
das rosas e da esperança

CAROLINA ABRE o livro da vida e contempla seu conteúdo. "A minha [vida], até aqui, tem sido preta. Preta é a minha pele. Preto é o lugar onde eu moro", diz ela. O céu estrelado é testemunha. Flor formosa que desabrocha e resiste às rajadas de vento, ela repousa solitária em um campo, cercada pelos versos que escreveu.

VELAS ACESAS sobre a mesa e um padre rezando ao canto. Ela desperta. Carolina modifica o mundo, tomando e semeando conhecimento. A rosa que ela é, sua flor predileta, ameaça murchar, mas logo se estende, estende, estende, fincando as raízes, bebendo da água, fonte da vida. Dali, ninguém a tira.

ELA RECORTA um pedaço do céu e faz um vestido. O vestido vira uma fantasia de penas. Carolina alça voo, planando pelo céu de veludo. O mundo e seus querubins são todos dela, mas os pés da rosa permanecem no lugar, como os cipós que enlaçam árvores para mantê-las unidas. Ela nunca se esquece de onde vem.

Foi na escola que Carolina Maria de Jesus se deixou encantar pela leitura e escrita. Seu berço foi Sacramento, em Minas Gerais, mas a autora se mudou para São Paulo após a morte da mãe. Lá, morando na favela do Canindé, trabalhou como catadora de papel e começou a derramar seu cotidiano em cadernos. Seus escritos sobre a desigualdade social, o preconceito racial e a vida periférica — relatos crus, mas permeados por uma sensibilidade ímpar — deram origem a *Quarto de Despejo*, publicado em 1960 e traduzido para vários idiomas.

LEITURA RECOMENDADA
O clássico memorável: Quarto de Despejo
O jardim das horas: Diário de Bitita
Morada das palavras: Casa de Alvenaria

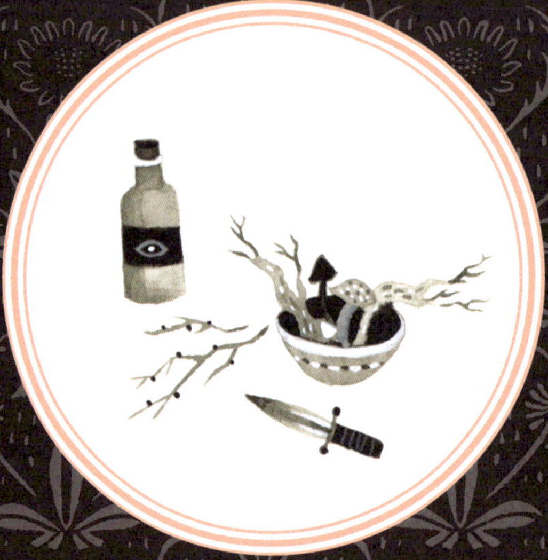

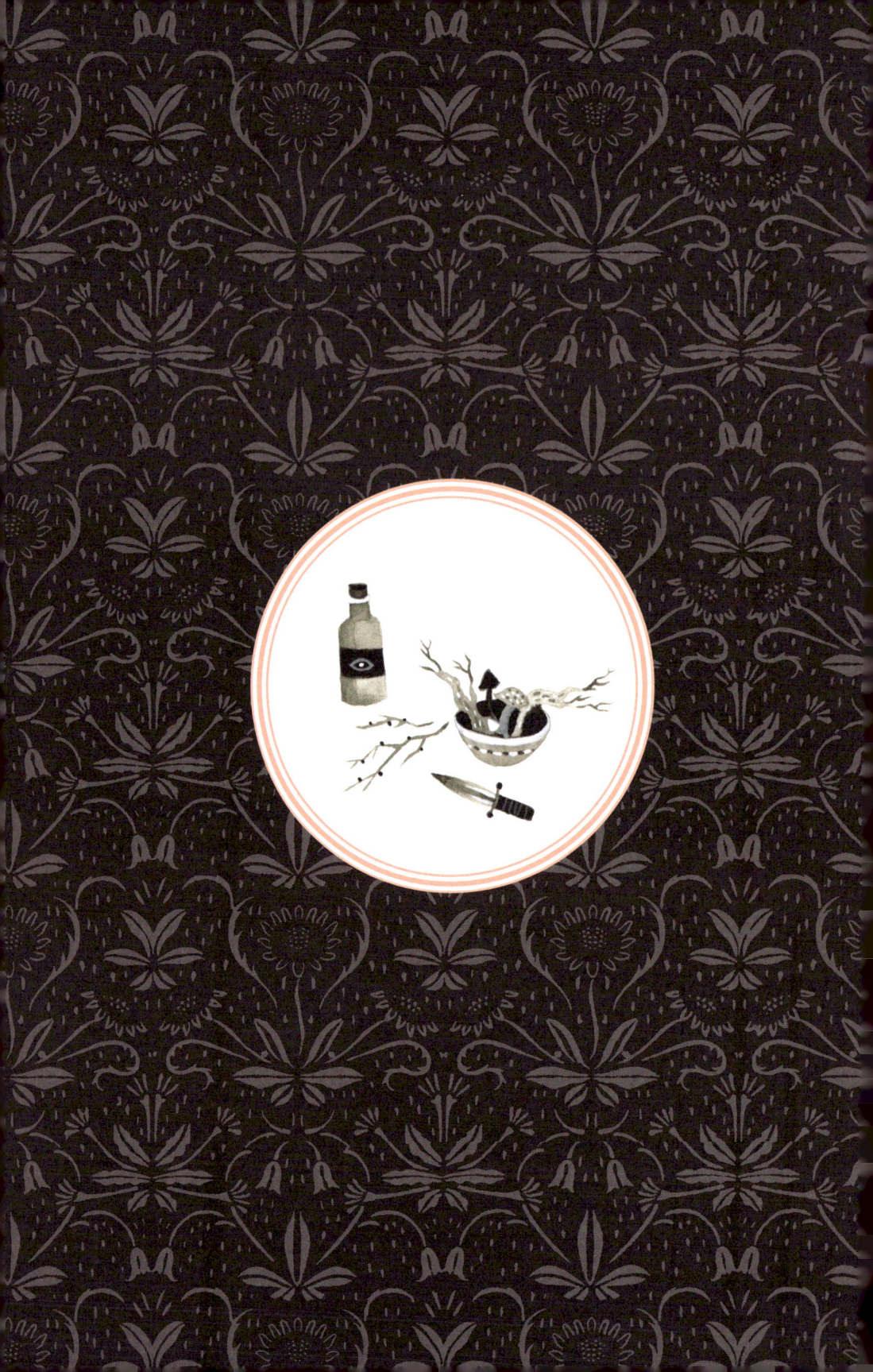

CLARICE LISPECTOR

Indecifrável autora esfinge

Chechelnyk, Ucrânia

1920–1977

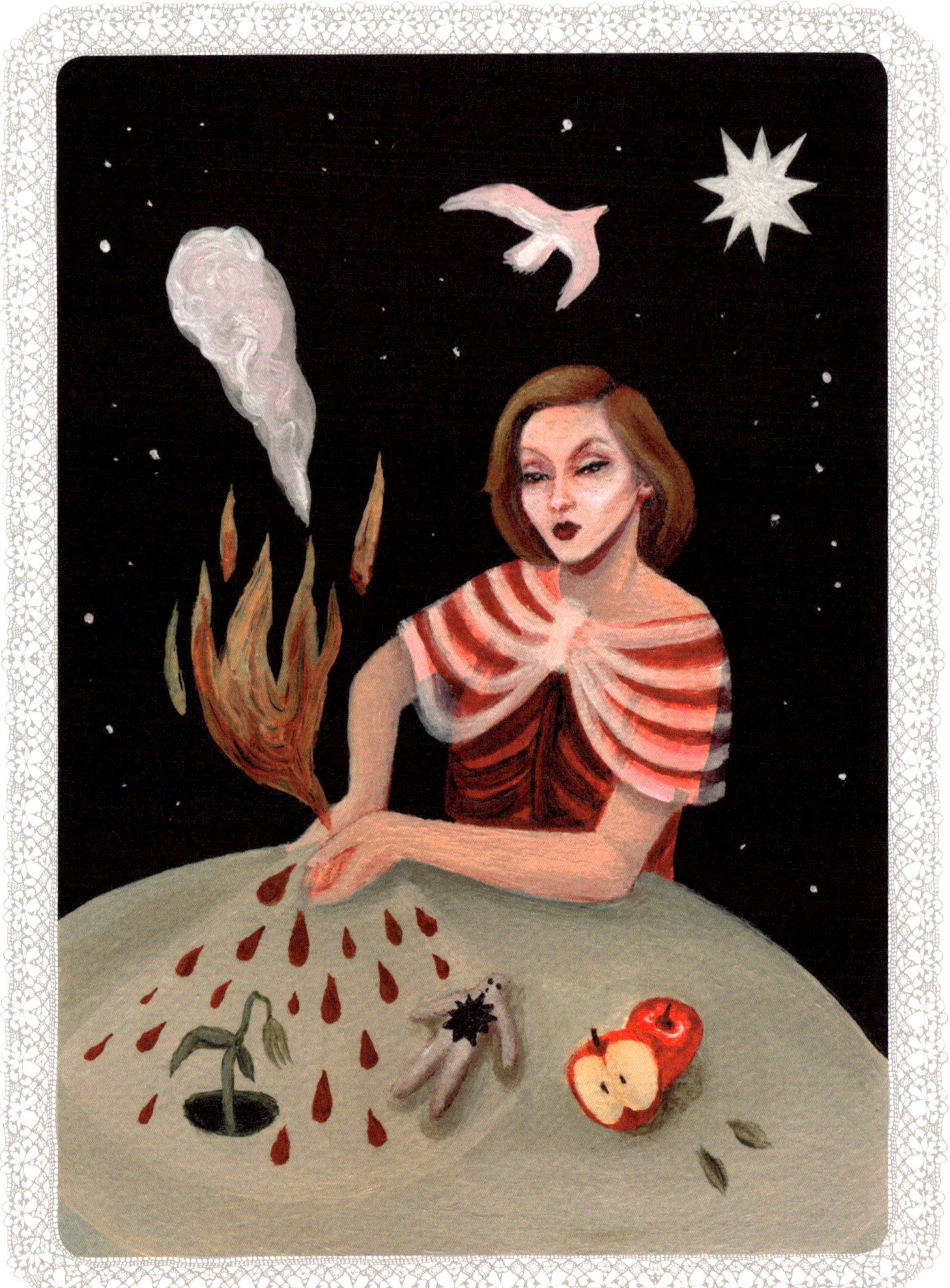

PRESTIDIGITADORA DAS ÁGUAS,
das costuras internas e das estrelas

CLARICE SE MANIFESTA na imagem turva do espelho mágico. É preciso conjurá-la no cânion que se rompe na palma lacerada e deixar que a chama espirale sua fumaça como o sopro de uma vestal. Na água viva da bacia de prata, os olhos de Clarice tremeluzem, sob o véu que espreita atrás do pensamento. As palavras transbordam, inundando o altar:

FOI POR ISSO *que eu não te contei antes, parecia precoce antecipar o instante em que o impossível cruzaria, em atropelo, a fronteira intangível da madrugada. Estar viva como quem costura no escuro, sem precisão ou dedal, ameaçando a pele com a farpa metálica do fim. Não a morte, mas o fim: o sono do cavalo preto, aposentado de galopes, inerte como um crepúsculo sem o diadema das estrelas*

PEGAMOS AS PALAVRAS com as mãos e elas penetram na pele. Sentimos que Clarice está alojada por dentro, que a engolimos com nosso medo e descobrimos que, para além do mistério, existe aleluia. A imagem na bacia se desfaz, há apenas o reflexo do nosso rosto. Finalmente entendemos o vaticínio da cartomante: te sou, te somos.

Clarice Lispector nasceu na Ucrânia, mas fez do Brasil seu verdadeiro lar. "Naquela terra eu literalmente nunca pisei: fui carregada de colo", dizia ela. Um dos grandes nomes da literatura modernista brasileira, Clarice produziu obras intimistas com alto teor psicológico e carregadas do sentir em que o cotidiano ganha contornos peculiares. Bruxa de alma, participou do primeiro Congresso Mundial de Bruxaria na capital colombiana, onde, com seu olhar aceso e voz serena, falou para feiticeiros, curiosos, fadas e outros seres sobre seu conto "O Ovo e a Galinha".

LEITURA RECOMENDADA
Panaceia do pathos: A Hora da Estrela
Costura para dentro: Água Viva
O eu conjugado no plural: Uma Aprendizagem ou O Livro dos Prazeres
Decifrar e devorar: A Paixão Segundo G.H.

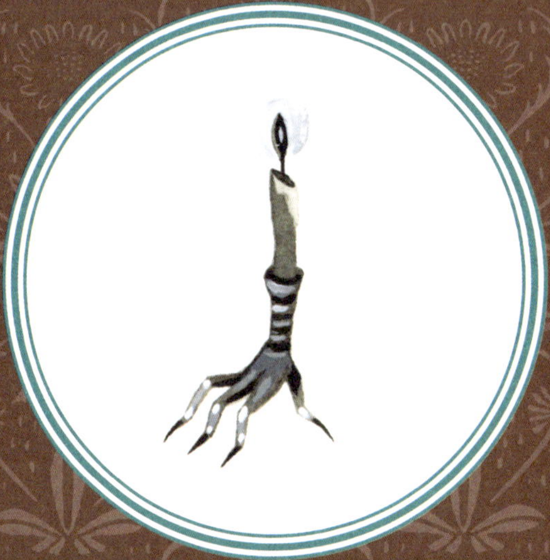

LYGIA FAGUNDES TELLES

Escritora das paixões fantásticas

São Paulo (SP), Brasil

N. 1923

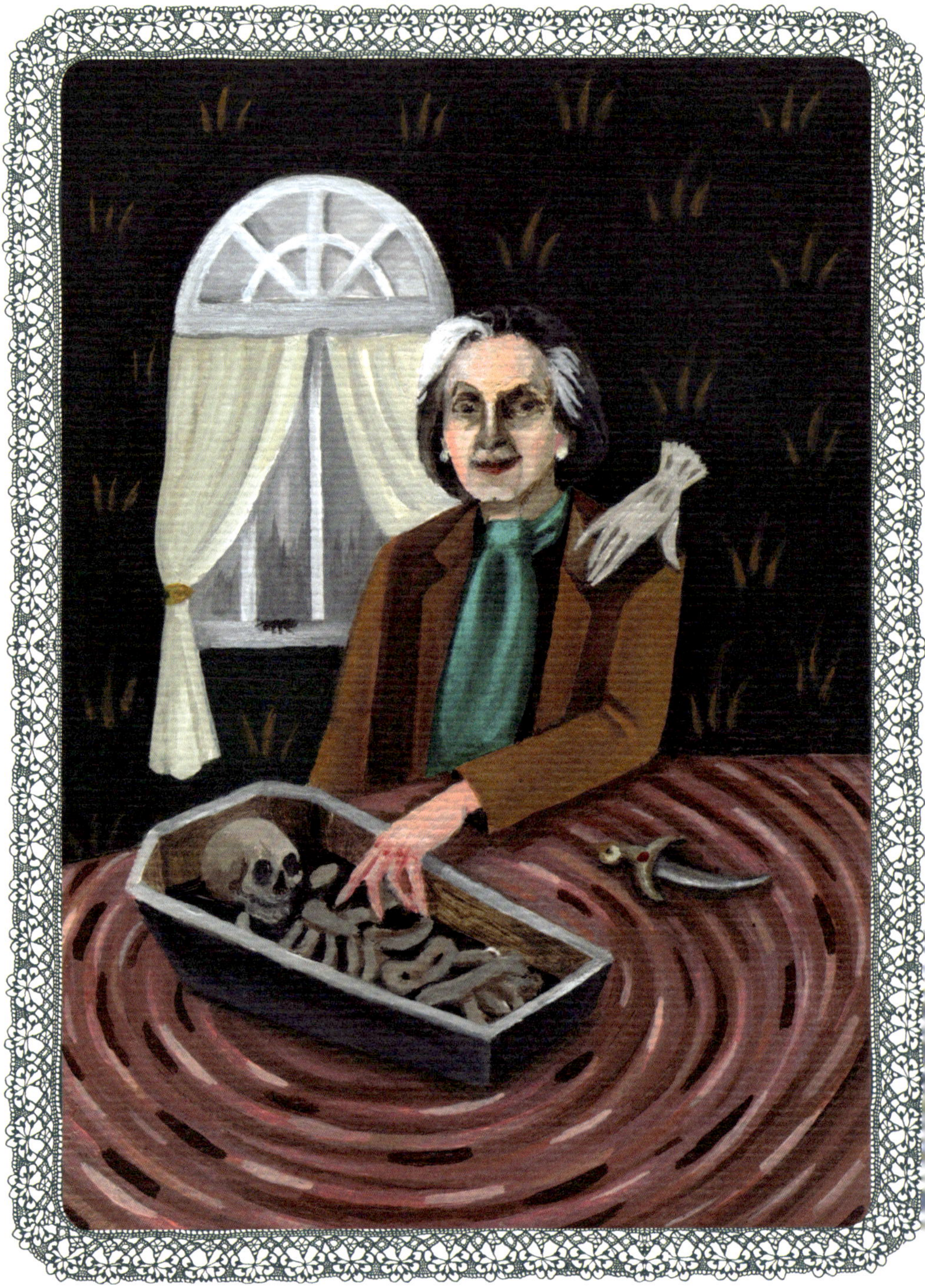

PITONISA DOS AMORES,
dos desatinos e das cirandas

É TARDE da noite quando Lygia desperta em alto-mar. A barca está estagnada, apesar do vento que corta o ar como lança. Os passageiros parecem mortos, mas talvez estejam no limiar do milagre, a um sopro da ressurreição. O vento serpenteia furioso. Lygia sente no ombro a carícia da morte.

NÃO HÁ CONDUTOR na barca, então Lygia assume o posto. Ela guia a embarcação até uma ilha toda verde, onde mulheres-tigre fartam-se de chá com peixes. Há uma procissão de formigas, que marcham compenetradas, graúdas em intento. Lygia segue a trilha, embrenha-se no despudor úmido da mata. As formigas a conduzem ao cemitério. Na porta, um anão baila com dançarinas de pedra.

UM GRUPO de enlutados vela uma perna mecânica, enquanto um morto toca saxofone. Uma mulher aponta o horizonte e há raízes entre seus dedos perolados. Lygia tira um punhal do bolso e rasga o poente. Por trás da paisagem, pulsa um coração maior que o sol. Lygia deixa sangrar a artéria mais grossa e, doravante, a vida lateja em toda a ilha como um dente doído de amor.

Para Lygia Fagundes Telles, a literatura é uma paixão de adolescência que dura a vida inteira. Eleita para a Academia Brasileira de Letras em 1985 e agraciada com prêmios como o Jabuti e Camões, a autora transborda em uma prosa intimista que coloca o cotidiano em conflito com elementos estranhos e singulares. Sua galeria de personagens amiúde percorre o território do fantástico ou realismo mágico — sem, contudo, deixar de lado o compromisso de enfrentar e questionar a realidade do nosso país.

LEITURA RECOMENDADA
Convite para o baile: Ciranda de Pedra
As imagens mais macabras: "As Formigas"
Ode onírica: "A Mão no Ombro"
Lirismo fúnebre ondulante: "Natal na Barca"
O encontro de Eros e Tanatos: "Venha Ver o Pôr do Sol"

PARA AS MULHERES CRIATIVAS EM NOSSAS VIDAS

AGRADECEMOS a Kelly Luce, da Electric Literature, por receber nosso texto e a J. Robert Lennon por publicá-lo na Okey-Panky. Obrigada à nossa agente, Adriann Ranta Zurhellen, por nos encontrar e acreditar neste livro, e à equipe editorial, sobretudo Stephanie Knapp e Alex Camlin, por transformar nossas visões em realidade.

Somos gratas a todos que debateram os méritos das bruxas conosco e nos apontaram na melhor direção. Queremos agradecer, em especial, às nossas famílias pelo apoio durante a criação deste livro. Não poderíamos ter feito isso sem vocês.

TAISIA KITAISKAIA é autora de *Ask Baba Yaga: Otherworldly Advice for Everyday Troubles*, baseado em sua coluna de bruxa eslava no *The Hairpin*. Ela é mestre em Belas Artes pelo James A. Michener Center for Writers e publicou poesia em revistas como *Crazyhorse*, *Guernica*, *Gulf Coast*, *Pleiades* e *The Fairy Tale Review*.

KATY HORAN aciona sua bruxa interior em desenhos e pinturas de feiticeiras dos Apalaches, cerimônias de lua cheia e magia popular. Expôs em galerias na América do Norte e publicou em antologias como *Beasts!*, *The Exquisite Book* e *Dark Inspiration*.

MAGICAE é uma coleção inteiramente dedicada aos mistérios das bruxas. Livros que conectam todos os selos da DarkSide® Books e honram a magia e suas manifestações naturais. É hora de celebrar a bruxa que existe em nossa essência.

DARKSIDEBOOKS.COM